Lobos al Asecho

D'Har Services
Editorial Virtual de Literatura
P.O. Box 290
Yelm, Wa 98597

www.dharservices.com
info@dharservices.com
webmaster@dharservices.com
dharservices@gmail.com
786 -837-4567

Derechos de autor © 2012, Enrique Rodríguez

Carátula© Xiomara García

ISBN-13:978-0-9853923-1-4

Derechos Reservados

Todos los derechos de autor están reservados. Este libro no se puede reproducir completo o por partes, o traducir a cualquier idioma por medios electrónicos, mecánicos, fotocopiado, o ningún otro sistema sin la previa autorización por escrito del autor, excepto por alguna persona que use pasajes como referencia.

Impreso en USA

Prefacio

LOBOS AL ASECHO, «MEMORIAS DEL FBI EN CUBA», surge como proyecto de investigación, dada las lagunas que existen en la historia, sobre la Segunda Guerra Mundial y su incidencia en el Caribe. Para la elaboración de esta novela, se investigaron rigurosas fuentes de documentales en archivos y lo publicado en la prensa de la época, además, de entrevistas a testigos presenciales.

El autor presenta está novela histórica testimoniada, protege tras la ficción el nombre de algunos personajes.
La mayor navegación de submarinos alemanes en la segunda guerra mundial fue en 1942, ampliaron y formaron diferentes grupos en sus rutas por el Mar Caribe: cerca de un centenar de *U-boats* de la *Kriegsmarine,* contaban hasta con doce sumergibles preparados para atacar. Tenían sus refugios en guaridas ocultas de las cayerías de Cuba y se abastecían de combustible en la isla, uno de sus principales santuarios.

La pérdida de más de un centenar de buques aliados en el mar Caribe y cerca de la jurisdicción marítima cubana; hizo sospechar que algún agente del Eje pasaba información a los alemanes sobre las salidas y rutas de los buques aliados. Está situación llevó a intensificar la cooperación entre los servicios de inteligencia americanos e ingleses, con los aparatos represivos latinoamericanos. Como resultado se minaron muchos tipos de material estratégico, petróleo y bauxita.

Un mensaje secreto fue interceptado y aceleró la captura del agente enemigo. Entre los asesores policiales se destacó Edwin L. Sweet, agente especial 253 del FBI, quien recibió distinción presidencial, por su meritoria labor en la detección y captura de Heinz August Lunin, personaje principal de la obra, otros personajes que se destacan son:

La Dra. Meilin Sin Fen, especialista en Medicina Tradicional Asiática, conocida en la Dirección de Inteligencia del *Kuomintang* como *"la luz de Célebes"*.

Anie Fishman, joven baronesa de origen corso, quien visitó La Habana y fue conocida por los agentes de Seguridad nazi como la *Hauptsturmführer* "SS Johanna Swartz", su misión: supervisar las redes de espionaje en América Latina y comprometer lascivamente a importantes personajes de la sociedad Cubana.

Igualmente, la novela recrea el personaje tenebroso de Herr Wilhelm Degan, jefe de la estación de la GESTAPO en Cuba, furibundo nazi, amoral y depredador sexual.

El relato de las actividades del trío policiaco integrado por el General Manuel Benítez, el Comandante. Mariano Faget, y el Comandante. Miguelon «Miguel Lavastida», jefe de la escolta presidencial, conduce a sorprendentes vericuetos de la vida íntima del presidente Fulgencio Batista.

Intriga, espionaje, corrupción y prostitución de refinado erotismo, es el escenario que descorre la obra, en el panorama sociopolítico a inicios de la década del 40 en Cuba.

LOBOS AL ASECHO

«MEMORIAS DEL FBI EN CUBA»

Lic. Enrique Rodríguez de la Torre

Esta novela está basada en incidentes y hechos reales debidamente documentados. He creado ficticiamente diálogos, escenarios y algunos personajes; para dar un mayor realce a la obra.

El Autor

Capítulo 1

El taxi detuvo la marcha cerca del viejo espigón en el río Cojimar, donde la brisa mecía algunos maderos que chocaban entre sí. Un pasajero bajó del auto, se puso las gafas oscuras y comenzó a caminar lentamente por la ribera del río, impregnada de un rancio olor a brea que se esparcía por la dársena del pueblo de pescadores, al este de La Habana. A su paso, el forastero exploraba con detenimiento las embarcaciones fondeadas, hasta que una mulatita de andar ligero y trasero llamativo atrajo momentáneamente su atención.

El hombre aparentaba unos 60 años, tenía el rostro con marcadas arrugas, cabello escaso, ojos azules, labios finos y mandíbulas pronunciadas. Ya llevaba buen trecho andado del camino fangoso cuando reparó en una vieja goleta, donde varios hombres la calafateaban afanosamente junto a una escollera.

"¡Esto es precisamente lo que estoy buscando!", se dijo con satisfacción al ver coronado su objetivo; y dirigiéndose a uno de los hombres enfrascados en la faena, exclamó:
— ¡Eh!, marino, veo que les cuesta mucho trabajo retocar el barco.
—Sí, señor, lleva usted razón. La cosa está horrible en estos tiempos, por eso hay que remendar lo que uno tiene al igual que con los zapatos viejos...No todo el mundo tiene la suerte de tener un yate como el *Pilar*, como el de aquí al

costado, es del americano Hemingway. ¿Busca a alguien de por acá, señor? Digo, por si puedo ayudarle en algo.
—No, no precisamente; pero sí ando en busca de un barco que me cuadre para una tarea que tengo entre manos... Si llegara a ser este, creo que usted no tendría que quejarse más de su mala suerte «se apuró en responder» su voz denotaba un acento alemán.
Al marinero solo le bastó oír aquellas palabras para soltar la piqueta y tirarse del barco tan rápido como pelícano en picada.
— ¿Habla usted en serio, señor?.. Permítame presentarme, soy Mongo Uribe, el patrón de esta goleta, la *Don Nicolás*. Y aquí me tiene pa' lo que mande.
— ¡Por supuesto que hablo en serio! Me llamo Wilhelm Degan; creo tener la solución para mejorar su vida. ¡Creo que bendecirá usted este día por haberme conocido!.. Sí señor, eso es positivamente cierto «le aseguró el alemán» al tiempo que se quitaba las gafas para limpiar los lentes empañados por el sudor.
Al oírle, Mongo Uribe no pudo evitar una expresión de duda, por lo que consideró prudente aclararle en voz baja al extranjero:
—Mire, señor, si se trata de transportar gente para La Florida va a costarle bastante; porque si la Border Patrol nos agarra vamos a pasarla mal, pero requetemal, señor.

El alemán se apresuró en aclarar:
—El negocio es de otra índole. Y, por cierto, bastante fácil y sin riesgo. Se trata simplemente de transportar víveres, equipos y otros enseres hasta un cayo cercano, para un grupo de compatriotas míos que estarán realizando una investigación científica por la cayería cubana. Algo que no es nuevo, «argumentó», los alemanes nos gusta la investigación. Precisamente la historia reconoce los trabajos

del barón de Humboldt, quien investigó entre 1799 y 1804 las costas de Cuba y América. «Herr Degan le explicó con aire sapiente» Intentaba inspirarle confianza al patrón del barco; quien aparentando entenderle, lo invitó a proseguir la conversación en su casa cerca de allí, mientras beberían un buen café preparado por su mujer.

La accesoria donde vivía Mongo Uribe era de un colorido chillón, un anaranjado fuerte combinado con azul añil. Los numerosos huecos en el tablado de las paredes, y las persianas desprendidas, pregonaban que se trataba de un hogar de escasos recursos.
Tan pronto llegaron los hombres al portal un grupo de chiquillos corrieron a su encuentro con gran algarabía.
— ¡Ea!, déjenme pasar...vayan a jugar a la playita de la Puntilla. Estos son mis chamacos, señor Degan. Lo más grande que tengo, además de Elodia, mi mujer.
Dicho esto, llamó a su compañera, quien, empapada de sudor, lavaba en el patio un tinajón de ropas. Las prendas lavadas nutría la tendedera, sostenida por una larga caña brava.

Finalmente, el negocio quedó concertado: el embarque se llevaría a cabo dentro de quince días. Herr Degan llegaría en un camión con bidones de petróleo, víveres y otros artículos. Una de las condiciones que más recalcó el alemán, fue la discreción absoluta, no deberían hacer ningún comentario.

Al poco rato llegaron a la casa los Corúas de Mongo Uribe «como él solía apodar familiarmente a su tripulación», todos pedían que no los dejaran con las ganas de saborear el café de doña Elodia. El patrón aprovechó la ocasión que para presentárselos al alemán.

—A este hombre le decimos cariñosamente butifarra, es el que se encarga del condumio. Este otro, de barba canosa y tatuaje en el pecho con "Cachita" es nuestro maquinista, que cuando no tenemos piezas de repuestos, las inventa. El mulato calvo y el negro bozalón se encargan de la marinería «señalaba a cada uno con sonrisa amistosa».

Luego apareció en la puerta un hombre cuarentón de figura enjuta y nariz pronunciada, estaba curtido por el sol; sus orejas parecían sostener como capiteles el alón sombrero que portaba, junto al tabaco encendido entre las manos
—Adelante, amigo ¡llegó en buen momento! Arrime una silla pa' acá y tome su tacita de café «convidó el patrón Mongo Uribe al recién llegado» Acto seguido lo presentó a Herr Degan.
—Este señor es nuestro vecino Gregorio Fuentes, piloto del yate *Pilar* de Mr. Hemingway, el que vio usted fondeado junto al mío.
El alemán estrechó la mano encallecida del marino y no pudo dejar de comentar.
— Estoy admirado de la belleza del yate, se destaca entre todas las embarcaciones.
—Sí, señor, Papa tuvo mucha vista al comprar este yate «comentó después de echar una bocanada al tabaco». Está hecho de caoba y roble, y navega que da gusto cuando se le da candela, tiene un motor Chrysler de 110 caballos. Además, como tiene la popa baja, por muy encabritá que se ponga la mar avanza ligerito, ya lo creo, incluso para la pesca de altura, su puente volante es tan sólido que desde él se puede bregar con un pez por muy grande que sea.
—Por lo menos, debe tener como diez pies de eslora «calculó Herr Degan».

—No, un poco más: exactamente 11,86 metros, de manga tiene 4 metros.
—El dueño, o el Papa, como usted le llama ¿Es inglés? «Preguntó con curiosidad el alemán».
—No, señor. Es norteamericano, se llama Ernest Hemingway. Hombre cabal que conozco desde hace 13 años, vive de la escritura, cosa que le dio mucha fama. Eso sí, muy enamorísqueao el hombre; aunque a su yate le dio el nombre de *"Pilar"*, no se lo puso, por una enamorada, sino por la virgen de Zaragoza, desde que él estuvo en España cuenta su admiración por ella.
Los hombres charlaron por un rato largo sobre embarcaciones.
Al despedirse Herr Degan extrajo su abultada billetera y, para asombro de Mongo Uribe, puso en sus manos un billete de cincuenta pesos, enfatizándole con voz grave: —"Ahora bien, que esto quede calladito, pero bien calladito... ¡No vaya usted a matar la gallina de los huevos de oro, que hay bastante de estos billetes aguardando por usted!".

Visiblemente nervioso, el rudo marino asintió con un gesto de la cabeza, enseguida le preguntó:
—Ante cualquier situación que se presente, ¿Cómo podría localizarlo, señor?
—Puede llamarme al F-2462. Anótelo bien, y me deja cualquier recado cuando le respondan, rápidamente me pondré en contacto con usted.
Degan abandonó la vivienda y alcanzó la Calle Martí en busca de un taxi. A la altura de la calle Calendaría despertó su curiosidad un cartel con un gran pez que anunciaba el restaurante *"Las Arecas"*, especializado en comidas del mar, y optó por almorzar en la modesta fonda de amplios ventanales con vista al mar. Una vez acomodado en la espléndida terraza mientras saboreaba la sopa pescador y el

filete de serrucho, especialidad de la casa, contempló el torreón de La Chorrera, que custodiaba el majestuoso paisaje de la desembocadura del río Cojímar.

Cerca de las dos de la tarde regresó a su apartamento en el último piso del edificio ubicado en la esquina de G y 25, en el Vedado, y recogió un sobre que le habían dejado bajo el resquicio de la puerta. Sin prisa, disfrutó de un trago de coñac Napoleón y, arrellanado en el butacón tapizado de damasco, bajo el monótono tic tac del viejo reloj de pared leyó la nota.

"Próximamente en el vapor Villa de Madrid procedente de España, arribarán a Cuba los señores Hoguet Hornung y Enrique Lunin. Designe al Sr. Dotres para que los reciba. Esperamos establezca con los mismos buenos negocios.
Bienvenido Alegría"

"¡Caramba, tremendo pez cayó en el jamo! Nada menos que Heinz August Lunin, el bitonguito de Bremen...", «dijo para sí esbozando una sonrisa».

Capítulo 2

El lunes 29 de septiembre de 1941, sobre las tres de la tarde, el catalán Ricardo Dotres, cubierto con un sombrero de jipijapa y vistiendo traje blanco de dril cien, abandonó eufórico el Hotel Lincoln, ubicado en la céntrica avenida de Galiano, Cuando salió a la calle fue sacudido por un fuerte golpe de viento, una ráfaga del ciclón que a esas horas atravesaba el Caribe. Se ajustó el sombrero, busco un transporte que lo llevara al puerto de La Habana. Estaba entusiasmado por la misión que le encomendó el Centro; cuando recibió sus instrucciones, se deleitó imaginando las juergas que tendría... tenía la oportunidad de disfrutar como anfitrión de aquellos personajes que estaban a punto de llegar a La Habana. "El más indicado era él, precisamente... conocedor de los mejores vinos, de la buena mesa y por supuesto de las más exquisitas putas habaneras", «así pensaba el catalán» mientras se trasladaba en un taxi hasta los muelles de la Havana Docks, frente a la plaza colonial de San Francisco.

Cuando llegó a su destino, ya el buque de pasajeros "Villa de Madrid" había atracado al muelle "San Francisco" los 142 pasajeros habían comenzado a desembarcar, pese a la demora que ocasionaron las marejadas provocadas por el huracán. Sin perder la paciencia, se dispuso a aguardar, mientras los pasajeros pasaban por los trámites aduanales de desembarque. Al cabo de una hora empezaron a salir de la aduana. Abriéndose paso entre un enjambre de maleteros y taxistas que porfiaban entre sí ofreciendo sus servicios. El catalán había improvisado un cartel que anunciaba:

"BIENVENIDOS SEÑORES: LUNIN Y HORNUN"

Los ojos del inquieto correveidile escudriñaban pasajero tras pasajero que pasaba el chequeo, hasta que vio un caballero de cabellos negros, mejillas sonrosadas y fino bigote, trajeado de cachemir inglés color beige a cuadros, camisa marrón de seda, corbata a lista y un chubasquero, quien fijó su vista en el cartel y sin pérdida de tiempo se dirigió hacia Dotres con una amplia sonrisa.

— ¿Me busca a mi? Permítame presentarme, soy Enrique Lunin, gusto de conocerle y el caballero que me acompaña, es el doctor Hoguet Hornung.

Fueron necesarios dos taxis para trasladar al hotel a los recién llegados. Uno para los pasajeros y otro para el equipaje de ellos, precisamente Lunin traía ocho maletas él sólo. Sin más demora, se dirigieron al hotel Lincoln. El catalán, les ilustraba el hotel, construido quince años antes, contaba con ciento treinta y cinco habitaciones todas confortables y una grata atmósfera de intimidad, amén de las ventajas que ofrecía su ubicación en el centro de la ciudad.

— ¡Nuevamente comenzó a joder la cabrona lluvia! «Se quejó el taxista», mientras esperaba la señal del policía de tránsito para continuar la marcha.

—Esto es lo que ha provocado el ciclón, mucha agua para emborrachar a las plantas. Huracán grande fue el del 26, que tuvimos que decir: "¡aprieta manga mocha!, porque el viento soplaba infernal. El muy jodío salió de Isla de Pinos y atravesó La Habana a una velocidad de doscientos kilómetros por hora, dejando seiscientos cincuenta muertos... Hay que ver cómo quedó el Paseo del Prado.

—Pues este bien que nos zarandeó el vapor antes de alcanzar el Morro «afirmó Lunin», desde hace horas debió haber atracado y nos hizo permanecer mar afuera meciéndonos como un columpio.

Cuando arribaron al hotel, el carpetero se apresuró solícito a registrarlos. Primero, a Hornung y después a Enrique Augusto Lunin, a quien inscribió como ciudadano hondureño, natural de Utila, procedente de Bilbao, con el pasaporte Número 32 y Registro 87. Les asignó los números de habitación ocho y diez. Terminados los trámites, pulsó el timbre y pidió al maletero que acomodará a los huéspedes.

Después de almorzar, se dedicaron a descansar, para reponerse de los dieciocho días de navegación, desde Bilbao a La Habana.

La azarosa travesía le había provocado a Lunin vómitos y un molesto mareo, además de la angustia que experimentó cuando los ingleses inspeccionaron el barco en Gibraltar. Su primera impresión de La Habana mientras el Villa de Madrid surcaba el canal del puerto fue gratificante, a la vista del parque de la avenida del puerto, con sus bancos de hierro sombreados por las palmeras y los fortines coloniales, como egregios testigos del dominio español *"he llegado a la ciudad tejida de mis sueños, por la que suspiro desde mi juventud"* con esos pensamientos quedó dormitando en el silencio de la habitación hasta que el timbre del teléfono vino a sacarlo de su embeleso.

—¿Listo para cenar, amigo, o le importuno? «Preguntó entusiasmado el catalán», hombre, lo hacía dándose unos tragos en el bar *Los tres monitos* del lobby, el doctor Hornung declinó la invitación, me dijo que se había comprometido a cenar con unos compatriotas amigos.

—De ninguna manera importuna usted, amigo Dotres. Importuna quien resta felicidad, no quien la aporta. Y por Hornung no se preocupe, sus intereses están muy bien definidos durante su breve estancia en La Habana luego embarcará para Lima.

Los dos hombres entraron al restaurante encortinado de verde, ocuparon una mesa cerca del pianista, que amenizaba la cena con un selecto repertorio. La melodía *"Bésame Mucho"*, impresionó mucho a Lunin y le hizo comentar:

— ¡Extraordinaria melodía, la escuché en España! Tiene una letra melancólica, afín con estos tiempos difíciles.

—Sin duda ha golpeaó bastante. ¡Aquí se canta hasta en la ducha! Escuché en la radio hace unos días que su autora se llama Consuelito, una jovencita mexicana a la que nunca han besado de veras. Con la fama que ha tomaó debe estar alegre como castañuelas; pero comentemos cosas más interesantes, hombre...

Para impaciencia de Lunin, el catalán centró su charla en elogiar al general Franco, a quien llamaba Paquito, ensalzando las bondades de su proyecto político del Catolicismo Nacional, apoyado por la Iglesia Católica y por las clases vivas que presidía el señor Ángel Herrera.
Una vez servida en las copas el agua helada. El capitán del salón, de impecable smoking, se acercó a los presentes y carraspeó con cierta afectación para tomar la orden.
—Hoy la sugerencia de la casa es Pargo a lo *Chanford*, un pescado al horno, con ruedas de cebollas, pepinos encurtidos y cubierto con una salsa a base de mantequilla, leche, y huevo «manifestó el capitán con aire ceremonioso».
Mientras esperaba a que le sirvieran la cena, un mozo se aproximaba con un carro de exhibición surtido de apetitosos entrantes.
Después de cenar, el catalán Dotres convidó a Lunin a salir de paseo para devorar la noche. Le propuso una visita al cabaret *Rumba Palace*, en la playa de Marianao, considerado el centro nocturno más popular de La Habana. Según Dotres, allí se daba cita los elementos más alegres de la ciudad.
Entrada la noche, el circuito playero al final de la Quinta Avenida de Miramar, era un colmenar de paseantes, clientes habituales de los puestos de frita alumbrados por las bujías incandescentes de los quioscos, donde era constante el batir de huevos y la preparación de los socorridos "*matahambres*" rebosantes de cebollitas, rodajas de tomates, cátsup y mostaza. Y como imán de la zona, un conglomerado de albergues, desde lujosos a modestos, que aguardaban por las conquistas de la noche.
El cabaret *Rumba Palace*, en una esquina de la 5ta. Avenida, dejaba sentir desde la acera la música que ejecutaba la orquesta. A su entrada, una cartelera con fotos anunciaba el

elenco artístico, atrajo la atención de Lunin los muslos, como columnas salomónicas, de las *"Mulatas Diabólicas".*
Una generosa propina le facilitó ocupar una de las mesas cercana a la pista. El catalán empezó por ordenar una botella de ron *Bacardí, Coca Cola* y una cubeta con hielo, motivándolo para elogiar al popular cabaret, lugar donde "cualquier placer, por difícil que sea, se puede alcanzar por unas cuantas pesetas" «adujo con un guiño de ojo a Lunin».
— ¡Entónese el pico, leche! Y tenga por seguro que aquí mismo levantamos a dos de las mejores hembras de La Habana para culminar en grande su llegada a esta isla de tambores, mulatas y ron.
En muy poco tiempo Lunin comenzó a sudar copiosamente, dada la atmósfera sobrecargada, atenuada solo por los ruidosos extractores de aire, mientras que su anfitrión lo observaba de reojo, intentando formarse una imagen de él, pensaba: "es un hombre joven, bien parecido, fornido, algo presumido y carismático, que pone en evidencia su arrogancia por mucho que intente disimularla".
La fanfarria de la orquesta y los chispazos de luces dieron comienzo al *Show time,* presentado por un entusiasta animador que, sin mayores preámbulos, presentó a las descomunales *Mulatas Diabólicas.* En el proscenio, las luces bañaban a las hermosas modelos, que como panteras salieron a la pista, quedando congeladas en pose erotizante.
Lunin sintió galopar su corazón, traseros con muslos tan descomunales barnizados de color café lo perturbaron al instante. Mulatas como ellas solamente las había disfrutado, cuando vivió en Santo Domingo y desde entonces hembras así le inspiraban instintos canibalezcos.
—Por favor, amigo, pudiera comunicarle a las alegres Diabólicas que las convidamos a compartir nuestra mesa. El joven industrial, aquí a mi lado, recién llegado a Cuba arde en deseos de compartir con ellas «le dijo Dotres al capitán

del salón» al tiempo que deslizaba en su bolsillo un billete de cinco pesos.

Mientras tanto, el espectáculo continuó lleno de ritmo y colorido. Un tronar de tambores anunció al inigualable "*Chori*", el gran cacique de la rumba, acompañado por dos bailarinas que se contoneaban al compás del pique repique pique de los cueros.

Al rato, *Las Diabólicas*, con maquillaje exagerado y de cartera y guante, con sombreros estrafalarios y lentejuelas llegaron sonrientes a la mesa, despidiendo como teas el humo de sus cigarrillos.

— ¡Leche! ¡A tomar y a comer en grande, como se hace en mi tierra! ¡Que no se hizo la miel para la boca del asno! Sean bienvenidas a la mesa del edén «exclamó eufórico el catalán».

El reloj de la carpeta marcaba las 4:30 de la madrugada cuando las dos parejas llegaron al hotel Lincoln. Lunin llevaba de la mano a la *Diabólica* más hermosa, que no podía simular su embriaguez. Al entrar a la habitación, empezó por soltarse la cabellera y quitarse el ceñido vestuario de lentejuelas, como preludio de otro round más en su carrera sexual, mientras que Lunin la cortejaba con un efluvio de palabras románticas.

—Espérate, amorcito, después me disparas todas esas cosas lindas. Mira, yo en verdad no me dedico a esto; pero me gustas... y por venir contigo hasta aquí, dejé embarcado a un hombre que me iba a resolver el gran problema que tengo ahora para pagar el alquiler del cuarto... Me da mucha pena; pero si puedes, como amable caballero que eres, quisiera que me ayudaras con algo... ¿Me comprendes, mi chini?

— ¡Oh, sí. No tenga pena, joven! Dígame ¿Cómo pudiera ayudarle? «Respondió con presteza Lunin».

—Ay, chini, solo con quince pesitos, nada más. Con eso ya resuelvo el problemita.

Una vez que Lunin buscó y puso los quince pesos en las manos de la joven, se levantó el telón... y se inició la lid. Por algo, a aquella hembra la llamaban la diabólica, pues sólo el diablo hubiese podido entrenar a una mujer con tanta maña. La mulata no escatimaba caricias, pretendiendo sentar récord con el amable caballero. Este sentía, con gran rubor, los dedos y labios explorándole inconfesables regiones, y a medida que aquella mujer ganaba en temperatura iba acentuando escandalosamente sus demandas: "¡Duro, coño, duro! No te rindas, chini... ¡Sigue así, que tú puedes!"

Con sus requerimientos Lunin no sabía si taparle la boca con la mano o acallarla con la almohada. Provocó la demanda de silencio por algunos huéspedes escandalizados, a los que se unió la voz añejada de una anciana que imploraba: "¡Dios mío, con cordura, aplaquen el movimiento de las cinturas!"

Capítulo 3

El alemán Degan llegó a la dársena de Cojímar en la cabina de un camión entoldado que estacionó lo más cerca posible de la embarcación *Don Nicolás*, donde lo aguardaban el patrón Mongo Uribe y sus corúas. Herr Degan iba acompañado por dos sujetos, uno era el Dr. Reinhart Blacke «personaje entrado en años, encorvado, de rostro alargado y manos huesudas», quien llevaba un desgastado maletín de médico; el otro, un hombre joven y atlético, de cabello rubio y ojos azules, al que Herr Degan presentó como Siefried Becker, su segundo al mando.

El barco fue cargado a toda prisa con varios bidones de petróleo, bebidas, alimentos en conserva y abundante carne de res. Al terminar la estiba, Herr Degan le ordenó autoritario al patrón de la embarcación:

—Bien, señor Uribe, ahora ponga usted rumbo a los 24º de latitud norte y los 83º de longitud oeste. Calculo que para el mediodía habremos alcanzado esa posición.

Al dejar atrás la zona del Cayito de Cojímar, el barco empezó a cabecear por efecto de la fuerte marejada que embestía a la vieja armadura como presagiando un fatal desenlace. El balanceo, sumado al tufo de la manteca donde chirriaban las ruedas de pargo para el almuerzo, le causó mareo al Dr. Blacke, obligándolo a echarse en un rincón de la popa mientras profería maldiciones.

Tras horas de navegación, cuando el sextante marcaba ya la posición orientada, Mongo Uribe ordenó al maquinista ponerse al pairo. A esta señal, Herr Degan se apresuró a descorchar una botella de ron *Matusalén* para repartirla entre los hombres.

—Amigos, ha llegado la hora de brindar: "¡Deutschländ, Deutchländ, über alles!" «Consigna incomprensible para los corúas», que, extrañados, se limitaron a levantar los vasos a semejanza de los extranjeros.

Mientras oteaban impacientes la mar, tratando de divisar cualquier embarcación que enfilara hacia ellos, los marinos percibían extrañados las sonrisas burlonas de los acompañantes del alemán. El más diligente en el empeño era Mongo Uribe, que desde el puente de la embarcación no apartaba sus ojos de los binoculares. Ya llevaba la nave más de cincuenta minutos parada cuando, de repente, y para terror de los corúas, se levantó un violento oleaje acompañado por un ruido intenso en la banda de estribor que hizo bambolear al *Don Nicolás*. Una oscura silueta emergió impresionante de las profundidades, vomitando agua de los tanques de lastre. En un asta se divisaba el pabellón de la *Kriegsmarine* Nazi y en la proa las siglas U-129, lo que dio lugar a que el maquinista, tatuado con la Virgen del Cobre, se persignara, exclamando a voz en cuello: "¡Coño, Cachita, pero qué carajo es esto!"

Como perros guardianes, dos artilleros del U-boat 129 salieron a cubierta, subametralladora en mano, y ocuparon el cañón de proa, mientras que otros cuatro se adelantaban al comandante del sumergible. Bocina en mano, este salió al puente de mando para identificarse.

—Les habla el capitán del U-boat. Invito a subir a bordo a Herr Degan y sus acompañantes mientras mis hombres realizan la maniobra de aparearse.

Al abordar el submarino, los acompañantes de Degan, con los brazos extendidos marcialmente, saludaron al *kommandant* Clausen con un estentóreo *¡Heil Hitler!*, en tanto varios de los tripulantes comenzaban a embarcar la carga ayudados por Mongo Uribe y los corúas.

Degan y sus hombres bajaron por la escalerilla al interior del submarino, donde se respiraba una atmósfera cargada acompañada del sordo ronronear de los motores Diesel. El último en bajar fue el doctor Blacke, que de un resbalón inesperado fue a caer de bruces contra la mesa del radiotelegrafo rebotando con el periscopio, hasta que un marino acudió a socorrerlo. En vez de expresarle gratitud, el viejo Blacke gruñó con un "¡Suélteme imberbe!!" Hizo reír a todos los testigos de la escena.

—Es un honor para nuestra tripulación, y especialmente para mí, recibir en mi nave a mis distinguidos compatriotas de la GESTAPO —expresó el *Kommandant* Nicolai Clausen, mientras que el Dr. Blacke era conducido sin demora al camarote del primer oficial, que llevaba varios días pasando agudos dolores.

El oficial estaba en su litera, visiblemente demacrado y con escalofríos. El dolor le había comenzado de súbito en la zona baja de la espalda y le irradiaba a los testículos. Todo el tiempo lo acometían náuseas y vómitos que no le permitían ingerir ningún alimento.

Después de examinarlo detenidamente, y tras un momento de silencio, el doctor Blacke dio su dictamen:

—Le daré mi opinión, espero no equivocarme, está usted atravesando un fuerte cólico nefrítico, o sea, cálculos en la orina. Compadezco los dolores que ha soportado, son similares a los de un parto; le inyectaré un fuerte calmante, se aliviará su sufrimiento, considero que con ello mejorará rápidamente. No se inquiete… todavía queda oficial para rato… seguirá hundiendo chatarras enemigas «enfatizó el Dr. Blacke con cierto sarcasmo», dejando entrever un brillo apagado en sus ojos azules.

Mientras que el *Sanitatsgefreiter* asistía al Dr. Blacke. El Capitán Clausen invitó a Herr Degan a beber una copa del exquisito tinto francés *De Cîteaux* que guardaba en su camarote para grandes ocasiones.

—Cuando recibí el mensaje desde Chile para que trajera conmigo al médico, fui de inmediato a buscar al Dr. Blacke a Pogolootti, un barrio obrero de negros donde el viejo se ha edificado una mansión. Allá vive solo con dos hermanas solteronas y para colmo, una de ellas sorda de cañón. Sin duda, es un buen médico y un alemán fiel, pero no puede reprimir su carácter amargado por la edad y por las úlceras que padece. El almirante Canaris lo sembró en Cuba desde el año 1935 «Reveló Degan al *Kommandant* Clausen», mientras rellenaba la copa con el aromático vino. Pero bien, cuénteme un poco de su vida marinera, debe ser muy interesante y más tratándose de un oficial tan joven de nuestra armada.

—Yo ingresé desde 1935 en la flota submarina; empecé desde abajo, como marinero, no por la academia naval. Mi entrenamiento fue en submarinos; aunque he navegado también en cruceros y dragaminas, para el año 1940 integré la Kriegsmarine, hasta que me asignaron el mando de este U-boat, me ha servido para ganarme la Cruz de Hierro de Primera Clase «argumentó con orgullo».

Cuando apuraron la segunda copa, Herr Degan comenzó a informarle sobre las orientaciones que había recibido del Centro.

—Entremos en materia, mi estimado capitán. Me han indicado que deberá usted explorar los 21º de latitud norte y los 76º de longitud oeste. Cerca de allí está la bahía de Gibara, una zona muy favorable para sentar una base de submarinos, se estima que el proyecto "Golpe de Tambor" muy pronto se hará sentir en el Caribe. Y nuestra misión será apoyarlos preparando las condiciones necesarias. Yo asignaré pronto a un oficial de mi Estación para que logre un buen santuario para sus naves.

Los dos hombres concluyeron la conversación alabando orgullosos la campaña que el *Führer* había desatado contra los rusos. Leningrado caería pronto en manos de la *Wehrmach*, todo era cuestión de avanzar y ocupar Moscú. Según Herr Degan, tomar Moscú era de primordial importancia pues, además de ser el principal centro industrial del país, constituía el mayor nudo ferroviario y de carreteras con que contaban los bolcheviques. Ambos nazis coincidieron en que los tres millones de alemanes que luchaban a sangre y fuego contra las tropas de Stalin, coronarían con rotundo triunfo al extinguir el comunismo del planeta. Finalmente, antes de despedir a Herr Degan, el

Kommandant Clausen abrió la caja fuerte de su camarote y extrajo un sobre que extendió al jefe de espías.

—Cuente usted, Herr Degan, son cincuenta mil dólares que le envían para mantener a la *Auslandsorganisation* y a sus oficiales y agentura en Cuba. Una vez contada la suma, firme este comprobante de recibido.

—Aunque los billetes son falsificados por los expertos del SD, son tan perfectos, que nadie podría detectarlos, y menos en Cuba, isla poblada por seres inferiores «afirmó Herr Degan».

Terminada la estiba se desamarraron las sirgas del U-129 que apareaba al *Don Nicolás*, mientras los hombres de la GESTAPO permanecían en cubierta junto a Mongo Uribe y los corúas que siguieron la maniobra del U boat al separarse de la embarcación. El Kommandant Clausen y dos de sus oficiales se despidieron desde la torreta con un gesto de mano. La señal sonora de sumersión advirtió la apertura de los tanques de lastre, que hizo sumergir la proa entre las olas, rumbo a las profundidades, se aprestaba a cumplir su misión, de: "lobos al acecho".

Capítulo 4

Lunin dedicó varios días a conocer La Habana en compañía de Dotres, su lascivo anfitrión, quien puso gran entusiasmo en mostrarle los lugares más sórdidos de la ciudad. No obstante, decidió trasladarse al hotel *Siboney*, ubicado en el Paseo del Prado esquina a Virtudes. A pesar de que el mismo no contaba con las mejores condiciones, estaba enclavado en un circuito capitalino muy céntrico: cerca del

Capitolio, el Parque Central, el cine Payret, la Manzana de Gómez y las alegres marquesinas del Prado. Esa circunstancia lo ayudaría a aclimatarse rápidamente a la vida habanera. Utilizaba el manto de ser hondureño, un viajante comercial procedente de España y trataba de abrirse paso en Cuba buscando una clientela entre pequeños propietarios. Todos los días iba a desayunar al Hotel New York, contiguo a la Telephon Company. Después, hacía tiempo leyendo la prensa en los balancines del lobby, charlando sobre la economía y la marcha de la guerra en las tertulias de los huéspedes, en su mayoría comerciantes, giro vagantes y otros componedores del mundo, que en el país recibían el epíteto de *"intelectuales de café con leche"*. Otras veces, cruzaba la calle a la salida del hotel Siboney y entraba al *Wonder Bar*, conocido por sus *bocks* de cerveza negra alemana, añoranza de los inmigrantes judíos que aguardaban el visado para entrar a los Estados Unidos.

Tras el mostrador del Wonder Bar, el cantinero Emilio Pérez, hábil en su oficio e incansable chacharero, entretenía a la clientela con sus ocurrencias, y Lunin hizo buenas migas con él. Empezó a darle generosas propinas, al tiempo que sondeaba la posibilidad de que aceptará recibir provisionalmente su correspondencia. Argumentó para ello que su objetivo era montar una modesta tienda de confecciones femeninas, por lo que solo estaría en el *Siboney* mientras encontraba un lugar cercano para establecerse.

Aquella tarde, luego de hacer su estancia acostumbrada en el Wonder Bar, Lunin decidió dar un paseo por el Prado, lleno de pasquines del Partido Socialista con la consigna de CERO HITLER EN EL 42. En el Parque de los Enamorados visitó el calabozo donde José Martí conoció su primer encierro, así como el Castillo de la Punta y el complejo Morro—Cabaña. Lentamente regresaba caminando bajo los frondosos árboles del Prado, donde un anidar de pájaros revoleteaba, cuando el pregón de un viejo asiático se unió al trinar de los gorriones: "paisano, cómplame cuculucho de maní, caliente, sabloso y da mucho vigol a hombre". Por reflejo subconsciente, aquello del vigor le trajo a la mente el idilio vivido con la mulata diabólica; haciendo caso a la sabiduría oriental decidió comprar un cucurucho. Apuraba un puñado de cacahuetes, cuando sintió en la cara un viscoso fluido verdiblanco. Un gorrión le había acertado en pleno rostro con magistral puntería, manchándole de paso la camisa azul marino. Sin escatimar maldiciones, llegó finalmente al Parque Central, donde se sumó a un grupo de curiosos que seguían en un mapa en relieve de la Unión Soviética los movimientos de tropas en el frente oriental, marcando con grandes alfileres al Ejército Rojo y con alfileres negros las tropas de la *Wehrmach*.

— ¡Scheißhaufen! ¡Pura propaganda de los comunistas! «Oyó decir a su oído». Al volverse descubrió con sorpresa a su viejo amigo, Herr Degan.

— ¡Tú aquí! No, esto no puede ser real! ¡No sabes lo feliz que me hace volver a verte! «Dijo asombrado a su antiguo compañero» Cursaron Ingeniería en la Universidad de Erfurt.

— ¡Mira cómo es la vida! Siempre decías que tu sueño era conocer América. ¡Y lo conseguiste! «Afirmó Degan sonriente». Aunque, por cierto, un amigo que vino de Hamburgo me contó que te habías casado en los Estados Unidos con una norteamericana. ¡Espero sea una pura sangre!

—Sí, es cierto que me casé cuando viví por un tiempo en New York promoviendo el negocio de tabacos de mi familia. Me enamoré de Helga. Ella se entusiasmó y me siguió a Bremen. Poco después me parió un varoncito al que le pusimos Bartholomé el segundo nombre de ella, aunque cariñosamente le decimos Humky, pues parece un osito.

Para continuar conversando ambos hombres decidieron beber unos tragos en el bar del Hotel Inglaterra, frente al Parque Central. Acomodados en una mesa del hotel colonial, después que el dependiente tomó la orden, Degan le dijo en voz baja al amigo:

—Voy a confesarte la verdad. Sé que ignorabas mi presencia en Cuba; eso es positivamente cierto; de Berlín me anunciaron tu llegada a La Habana, para entrar en contacto contigo. Pertenezco a la GESTAPO, Amt VI—D, atiendo en Cuba la actividad de contrainteligencia de nuestro aparato. En este país seré lo que se llama en nuestro argot, tu "primo". Trabajarás con independencia, se que eres Comandante del *Abwehr*, contarás con el apoyo de mis hombres, ellos te servirán, como lo ha venido haciendo el catalán Dotres. Esta isla tiene enorme importancia para Alemania, como te habrán instruido en Hamburgo, desde acá podemos catapultar a nuestros agentes a otros países de América. Como enviaremos al Dr. Hornung a Perú. Por otro lado, en cualquier momento podemos entrar en guerra con los americanos; por eso debemos prepararnos desde ahora. Otra responsabilidad que tenemos, será: atender a nuestros U-boats que operan en el Caribe.

—Por mi parte «manifestó Lunin» entre otras tareas, tengo la misión de observar e informar del tráfico marítimo británico desde Cuba y contribuir a bloquear su abastecimiento. Mis transmisiones serán a Chile y a España; aunque utilizaré otros canales para informar y ratificar "lo que toque en el piano" mi trabajo además es organizar la red de penetración económica y política. Llegado el momento, ante un nuevo escenario emergeremos de las sombras y responderemos a los lineamientos dados para una ocupación.

Haciendo silencio, Lunin fijó la mirada en el viejo amigo y preguntó con curiosidad:
—Con el tiempo que llevas en Cuba, ¿Qué opinión tienes de las personas de este pueblo?
—Bien, te diré que antes de venir aquí estuve en España, en plena guerra civil, fui allá para apoyar a Franco. Esa era mi tarea. Después me enviaron acá. He tenido que mezclarme con los cubanos, por lo que he llegado a la conclusión de que se trata de un pueblo de seres inferiores, dada la contaminación de sangre africana y española que tienen. Un populacho de jolgorios. Una población con un cementerio repleto de clientes por las enfermedades que se multiplican como vegetación tropical y por las reyertas, que aquí son una pandemia.
—En este país no hay páginas rojas en los periódicos, sino escarlatas. Si quieres comprobar mis palabras, asoma tus narices a pocas cuadras de este lugar y camina por La Habana Vieja, la fetidez te va a golpear desde que entres. Mucha miseria, mucha hambre; por eso hay tanta puta pesetera que detrás de las ventanas te silban para ofrecerte las "tres gracias". De la mujer cubana te diré que, por naturaleza, es de vagina festinada, por eso hay tanta madre soltera cuyos hijos han sido abandonados por sus padres. Todo lo contrario al ejemplo de amor y educación que los alemanes les damos a nuestros hijos. Los hombres son inmorales e indecentes, ladrones, malandrines sumisos, indios con levita, como los bautizaron los propios americanos. En cuanto a las autoridades, no pueden ser más corrompidas.
—Nuestros enemigos, amigo Lunin, nunca serán los cubanos, sino los comunistas, que viven aquí de la cojioca. Ejemplo de ellos son una plaga de socialistas, puros seres inferiores, capitaneados por Blas Roca, Lázaro Peña, el polaco Fabio Grobart y comparsa. Aunque, positivamente

cierto, los más peligrosos son los agentes del MI6 inglés y sus falderos del FBI «concluyó Degan, recostándose en el asiento, como el profesor que termina de impartir una conferencia magistral.

Cuando Lunin volvió al Wonder Bar, el cantinero Emilio lo recibió con gran entusiasmo y una franca sonrisa, apresurándose a darle la buena nueva de que una de las habitaciones de la pensión donde vivía se había desocupado y que él le había pedido a Delfina, la encargada, que se la reservara a su amigo, un joven hondureño recién llegado a Cuba, que a todas luces parecía serio y solvente.

Lunin agradeció al cantinero su desinteresada gestión. El hecho de que la pensión se hallara a pocas cuadras de distancia resultaba ideal para sus intereses y le brindaba además la posibilidad de identificarse con el carácter y las costumbres de la población. Todo ello se avenía perfectamente a su proyecto de vida en el país, aunque tuviera que soportar la fetidez de la Habana Vieja... referida por su viejo amigo Degan.

—Sin falta, pasaré por la pensión al anochecer, para acordar las condiciones con la encargada.

—Sí, mejor a las ocho de la noche, amigo Lunin, así cenarás conmigo y con mi esposa Clarita. Ah, de paso le diré a la encargada, la española Delfina, que se esmere con su potaje de judías blancas, que es la especialidad de la casa.

Capítulo 5

Sin dejar de rumiar sus pensamientos, Herr Degan encendió un cigarrillo y se asomó al ventanal de su apartamento, en el edificio de Paseo y 25 en el Vedado, para contemplar el majestuoso panorama del litoral norte de La Habana. Las tareas que tenía que acometer eran de gran envergadura y no admitían dilación. Lanzó la última bocanada de humo, arrojó la colilla por la ventana y con una sonrisa, se volvió hacia Isabelita, la joven que acababa de contratar como sirvienta, para pedirle le sirviera un trago de whisky. "Hoy es un día que necesito estar enérgico y entonado", comentó para sí, contemplando el gracioso andar de la muchacha que, diligente, salió en busca de la botella de bebida. Con solo diecinueve años, Isabelita reflejaba su inocencia juvenil junto a una belleza singular: cabellos rubios, piel aterciopelada y mejillas encendidas y unos labios carnosos que resaltaban una cautivante sensualidad.

No había transcurrido un mes desde que la joven había sido contratada como sirvienta de Herr Degan.

Una mañana respondiendo a un anuncio, tocó a la puerta del alemán, rogó que la colocará de criada, alegó un cuadro patético: "la madre se encontraba gravemente enferma y ella estaba sola manteniendo a sus dos hermanitos. Emigraron de un pequeño caserío en el pueblo de Candelaria, había llegado a La Habana junto con su familia, le huían a la miseria en que vivían. El padre no encontró trabajo y al poco tiempo los dejó abandonados en un miserable cuartucho detrás del cementerio de Colón.

El día antes, Herr Degan había recibido un mensaje de Berlín con instrucciones operativas de cumplimiento inmediato, por lo que convocó para esa tarde una reunión con sus subordinados. A las cuatro, los hombres empezaron a llegar al apartamento, provistos de algunas botellas con el fin de aparentar motivos festivos. Isabelita se esforzaba en obsequiar su mejor sonrisa a cada uno de los visitantes al tiempo que les ofrecía un coctel de bienvenida ordenado por su patrón.

Los seis oficiales convocados estaban asignados a diferentes ramas operativas:

El *SS—Hauptsturmführer*, Siefried Becker, primer sustituto y segundo al mando de la *Estación*, respondía por la rama económica y el bloqueo de negociaciones y tratados comerciales, además de sufragar los gastos y apoyar económicamente a las firmas germanófilas.

El *SS—Obersturmführer*, Erwin Gabert atendía la Rama A, que tenía que ver con el diversionismo ideológico, la propaganda nazi y el reclutamiento de simpatizantes.

El *SS—Obersturmführer* Kartoefell, conocido por Otto, le correspondía la Rama B, destinada al acopio de inteligencia militar y a las actividades de terrorismo, acción y sabotaje.

El *SS—Obersturmführer* Schaefer, a quien le apodaban *La Sombra*, se ocupaba de la Rama C, las industrias, capacidad de las plantas, exportaciones, relacionadas con materias primas y organización de sabotajes en instalaciones fabriles.

El *SS—Obersturmführer* Iroel Meyer era responsable de la Rama D, encargada de sabotear los embarques de alimentos al enemigo y los barcos destinados a su transportación, así como las cosechas.

El *SS—Hauptsturmführer*, Dietrich Sammler atendía a la *Auslandsorganisation* y la creación de los *Stützpunkte* o puntos de apoyo.

Sentados a la amplia mesa, Herr Degan alzó su copa y todos los presentes lo secundaron con aire marcial, solicitando a sus oficiales la prudencia de hablar sólo en Alemán: ¡Sprechen sie deutsch, bitte! «Ordenó»

—Caballeros, Berlín nos exige resultados urgentes para acabar con el peligro que ha provocado el traidor de Joaquín Wirkenstaedt, que fungía como cónsul del Tercer Reich en Ciudad Trujillo. Este indigno alemán fue capaz de entregarles a agentes del FBI el código secreto con el que

Himmler se comunicaba con sus colaboradores «afirmó con marcada indignación» dando un puñetazo en la mesa. Por suerte, tenemos localizada a su hermana en La Habana, es mujer de un capitán de la Policía cubana y le es infiel con un apuesto abogado. ¡A través de ella daremos con Wirkenstaedt!

—Bien, hagamos una pausa para disfrutar de una buena merienda bávara. Para su sorpresa, Isabelita les preparó salchichas blancas con un *Leberkäse*, nuestro exquisito embutido al horno.
Herr Degan reanudó las orientaciones colocando sobre la mesa un mapa de Cuba y marcó con un lápiz rojo un círculo alrededor del puerto de Gibara.
—Señores oficiales «dijo en un tono grave», debemos acometer con la manga al codo el plan de los santuarios para nuestros submarinos. El Alto Mando naval sugiere que se elija la costa norte de la isla, por Gibara, Cayo Romano o los alrededores. El almirantazgo está ensayando con U boats madres para el abastecimiento de sus unidades; pero no basta.
El SS—*Hauptsturmführer,* Iroel Meyer viajará cuanto antes al pueblo de Gibara, cerca de Holguín. Simulará que es un ingeniero yanqui y buscará apoyo entre los campesinos de la zona, haciéndoles creer que está realizando un estudio arqueológico sobre los indios que poblaban la región, en espera de que se le sumen otros científicos extranjeros. ¡Me refiero a la oficialidad de los submarinos! Con tal de que Meyer les pague una buena suma a esos guajiros, casi se nos convertirán en nuestros esclavos... dijo, «profiriendo una carcajada».
Al caer la noche, los hombres de Herr Degan se habían retirado llevando consigo cada uno las tareas que tenían que cumplir para el Reich. Satisfecho con los resultados, Degan

puso en el gramófono un disco de música instrumental, sentado en el sofá, aprovechó para llamar con gentileza a su sirvienta.

—Isabelita, siéntate a mi lado, tenemos que hablar de cosas muy serias; muy convenientes para ti"«requirió con un tono paternal».

La joven obedeció tímidamente, sin poder disimular su inquietud cuando Herr Degan se acercó tanto a ella que podía sentirle el aliento bañado de alcohol.

—Cuando disfrutaba contemplando el mar en la ventana, no podía dejar de pensar en tu situación, por cierto, muy difícil. Eres muy joven aún y necesitas abrirte paso en la vida; sin embargo, lo que te estoy dando como salario no es nada para lo que pudieras llegar a recibir de mí; pero debes estar un poquito más preparada. Eso es positivamente cierto. Estoy pensando colocarte en el almacén de un gran amigo mío en La Habana Vieja. Si aquí ganas quince pesos al mes, allá ganarías setenta, ¡setenta¡ «enfatizó». Sí, sinceramente quiero ayudarte. Eso es positivamente cierto...

Isabelita no podía dar crédito a lo que oía. No sabía qué decir y las palabras se le anudaban en los labios. Era algo sorprendente, inesperado, que hacía palpitar su corazón. Y puso toda su atención cuando el viejo continuó diciéndole:

—Mira, yo estoy sólo en Cuba, sin familia. Sin embargo, tú puedes constituirte prácticamente en mi familia. Incluso, yo tengo mucho dinero, si por cosas de la vida me pasara algo, pudiera ser todo tuyo. ¡Eso es positivamente cierto! Sinceramente, me da pena ver la tragedia que vives con tu señora madre y hermanitos. Mañana mismo vamos a comprarles todas las medicinas que le hagan falta.

Tratando de aparentar un gesto paternal, puso una mano sobre el muslo de la muchacha, mientras continuaba argumentando:

—Ayer conversé con un médico excelente, muy bueno, que la examinará en tu casa. Es un gran amigo mío, se llama Herr Blacke, y es alemán como yo. La tos y la fiebre verás que se le quitan después que él la vea. Eso es positivamente cierto «repitió con una sonrisa nerviosa», al tiempo que le subía la falda.

Isabelita sintió que su corazón comenzaba a galopar incontrolablemente y los oídos le zumbaban. Herr Degan le pasaba el brazo por el hombro, mientras que continuaba acariciando los muslos sudorosos de la joven. Con rápido gesto le había subido el vestido a la altura del empeine, y sus ojos lujuriosos parecían querer escapársele de las órbitas cuando contemplaron el vellón que se transparentaba bajo las pantaletas. Isabelita sintió la boca seca, y la cabeza le daba vueltas como una manga de viento. Un sudor frío comenzó a bañarle todo el cuerpo. Cuando los labios del viejo intentaron violentar los suyos, solo atinó a suplicarle: "¡No, déjeme señor, suélteme!, se lo suplico!", mientras que torcía continuamente la cabeza para esquivarlo y apretaba fuertemente los muslos, intentando resistir la presión de la mano áspera que comenzaba a apoderarse de su sexo.

Isabelita gritó cuando sintió los dedos del viejo desgarrando su virginidad. Sin reparar en sus súplicas Herr Degan la tomó por la cintura y la arrastró a fuerza hacia la cama. Entonces, a la atroz violación se sumó una brutal penetración.

Cuando todo terminó, la muchacha desnuda permaneció sollozando en un ángulo del lecho con la mirada fija en un rincón de la habitación. Había sangre en la cama y sintió su cuerpo adolorido, como si hubiera sido atacado por una bestia feroz.

El amor es así. Tú eres muy joven, y es que así ama un hombre. Tal vez ahora me rechaces, pero mañana llegarás a quererme. De veras, eso es positivamente cierto. ¡Ah, y ten

presente que con lo que ha pasado estás salvando a tu madre! La vieja quizá hasta esté tuberculosa...
¡Si tú hubieras visto, como yo, a judías casi niñas dejándose coger por dos hombres a la vez con tal de llevarle un mendrugo de pan a su familia! ¡Y eso que eran hombres, eso sí, alemanes con vergas enormes!, les llamábamos las *Offizierdecke*, nuestras oficiales de cama.

Capítulo 6

El invierno comenzó a sentirse la mañana en que Lunin se mudó para la casa de huéspedes en el segundo piso de la calle Teniente Rey 366. Fue una mudada aparatosa que obligó al taxi a subirse a la acera para descargar todo el equipaje: una máquina de escribir, un microscopio, un radio consola RCA Víctor, más ocho maletas que fue preciso subir penosamente por los cincuenta y dos peldaños de la escalera azulejada con mosaicos toledanos
La casa era de puntal alto, el balcón provisto de guarda vecinos de hierro, con vista a la calle y al Capitolio Nacional por la derecha, mientras que por la izquierda daba a edificaciones de la Calle de los Oficios. La sala comedor se encontraba dividida por un columnario estriado de mármol blanco con arcada de medio punto, y a un angosto pasillo con barandilla daban tres pequeñas habitaciones de altos ventanales. Al final, un baño colectivo junto a una cocina comedor donde la encargada servía a los huéspedes platos de deliciosos sabores a aprecios modestos.
Colocar todo aquel equipaje en el último cuarto, de cuatro por cuatro metros, fue una tarea colosal. Las maletas las pusieron encima del escaparate; el microscopio, el radio y la

máquina de escribir en una mesita, y los zapatos y vestuario, en su mayoría de color azul, ocupaban el escaparate de caoba.

Tras desayunar, Lunin se paró en el balcón a tomar un poco de aire fresco y vio al cantinero Emilio, alcanzar la esquina de la calle Villegas con paso apresurado. Al cambiar la mirada observó la escena de un panzudo militar esculpiendo con la vista a una eclípsante mulata que cruzaba a su lado. Al regresar a la sala se encontró con Clarita, la esposa de Emilio, que hojeaba entretenida una revista. Claribel Stincer era una mujer joven, de pelo castaño y figura agraciada. Había conocido a Lunin en un encuentro reciente junto a su esposo y le pareció una persona muy agradable, aunque intuía algo enigmático en él. Decía ser hondureño, pero sus facciones y acento hacía pensar más en uno de los muchos emigrantes judíos que abundaban en La Habana.

—Dice mi esposo que es usted hondureño ¿Ha vivido mucho tiempo fuera de Honduras?

—Oh, sí, viví bastante tiempo en Hamburgo con unos tíos. Nací en Utila, una islita al norte de Honduras rodeada de arrecifes. Me fui siendo muy joven, aunque los años vividos allí son inolvidables para mí. También he vivido en Santo Domingo, y en Estados Unidos, comercio en tejidos, que es el oficio que conozco.

—Pues tenemos algo en común, yo no seré comerciante en telas, pero soy modista y creo conocer bien el oficio ¡Hasta pienso que perderé la vista con tanta costura que hago!

Aquellas palabras de la mujer le resultaron muy oportunas a Lunin, por la tapadera que urdía para su estancia en La Habana, se apresuró a decirle:

—Ya su esposo me había comentado de su talento como modista y de las dificultades que tiene a veces con algunos

clientes para poder cobrarles su trabajo. Incluso, pensé en usted anoche al irme a la cama...
—¿Y pudiera saber lo que pensó? «Preguntó entrecortada», sin poder ocultar el rubor que le subía a la cara.
—Por supuesto, se trata de cosas prácticas, sobre todo realizable, que aportarían un buen ingreso, sería la combinación perfecta unirnos en un negocio para la inversión que tengo en mente. Yo poseo un pequeño capital, quisiera incrementarlo montando una tienda modesta de confecciones femeninas. ¡Y, por supuesto, una tienda de modas exige una buena costurera! Si considera usted mi oferta, sólo quedaría poner manos a la obra.
Aquel ofrecimiento le pareció a Clarita como caído del cielo. La situación económica por la que atravesaban era bastante precaria, Emilio recibía en el Wonder Bar sólo treinta pesos mensuales, aunque gracias a las propinas podían timonear las dificultades que se iban presentando.
—Oh, sí, cuente usted conmigo. Estoy a su disposición y espero que mi esposo no se oponga. Busque usted el local, que yo seré su costurera.
—Se me ocurre ponerle a la tienda precisamente el nombre de la revista de modas que tiene usted en sus manos, "ESTAMPAS"... ¡Así no olvidaremos este día!
A media mañana Lunin salió de la casa de huéspedes para seguir conociendo La Habana, vestido con una camisa *Norton* de color azul, pantalón gris y unos relucientes zapatos *Bulnes*. Llegó hasta el bodegón *Numancia*, en la esquina de Villegas y pidió al bodeguero una cajetilla de cigarrillos *La Moda* y una *Salutaris* bien fría, soda a la que se había aficionado para calmar la resaca de las farras. Desde el mostrador llenó su vista con la Plaza del Cristo, una iglesia colonial de principios del Siglo XVII, junto a cuya puerta se agrupaban numerosos mendigos. Esa mañana llevaba en mente visitar algunos bares del puerto para

introducirse en el ambiente de los muelles y acometer así la misión de informar al *Abwehr* sobre el movimiento marítimo. Ya tenía casi armado el transmisor, lo único que le faltaba era conseguir una tela metálica tupida y un par de canarios *Rollers*. El trinar de sus notas bajas y aflautadas apagaría los sonidos del transmisor, evitando sospechas en la casa de huéspedes.

Enrique Lunin caminaba despacio por la ceñida arteria de Teniente Rey, curioseando en su andar la ralea de la barriada, poblada por muchas mestizas de nalgas prominentes. La depresión económica que atravesaba el país se hacía evidente en cada rincón, donde niños macilentos jugaban al Pon usando chapitas de refrescos o importunaban a los transeúntes con improvisadas carriolas de madera. En los balcones, tendederas repletas de sábanas amarillentas y ropas desgastadas. En las esquinas, mocetones acariciando la vagancia se agrupaban charlando sobre sus recientes conquistas barrioteras o lo difícil del empeño por conseguir dinero.

Al cruzar por la entrada de la antigua iglesia María Auxiliadora, se cruzó con su vecino de los bajos, el dentista Edreyra, y escuchó a dos monjas con marcado acento asturiano exigirle más respeto a un negro viejo componedor de bateas que vociferaba a voz en cuello frente a la casa de Dios: "¡Caserita, aprovecha la ocasión, estiro bastidores, compongo cunitas de niño y camas de mayores!"

Lunin alcanzaba la esquina de San Ignacio cuando el avance de un camión lo hizo alcanzar con rapidez la acera, yendo a dar directamente de narices contra una joven que salía de la panadería ubicada en la misma esquina, haciéndole caer de las manos el cartucho con panecillos que llevaba. No sabiendo cómo disculparse, le pidió al panadero reponer la pérdida con dos libras a su cuenta.

—Es lo menos que puedo hacer, «dijo a la joven» que sonreía asombrada ante la reacción de cortesía del caballero. Al alcanzarle las flautas de pan fue cuando Lunin pudo percatarse de la belleza de la mujer, de piel bronceada y con un cuerpo esculpido como modelo. Tenía ondulados cabellos de un rubio cenizo, orlados por una cinta azul que conjugaba con sus ojos verdes.
—Permítame que me presente, señorita «dijo con marcado nerviosismo». Me llamo Enrique Lunin, soy hondureño y recién llegado a este país. Si tropecé con usted fue porque venía completamente absorto en mis pensamientos, o tal vez porque estaba en mi destino conocerla...
—Es usted un poco ocurrente, joven. Yo me llamo, Olga del Cristo, pero muchos me dicen Rebeca. Ha sido usted muy amable. No tenía que haberse molestado tanto, en definitiva, a cualquiera le pasa.
—Precisamente yo vivo en esta misma calle y deambulaba por aquí para conocer el barrio ¿Me concedería usted el placer de acompañarla? «Preguntó Lunin amablemente».
La joven aceptó con agrado su compañía, charlando sobre trivialidades, entre las zarabandas y salpafueras en la barriada y la n*ovela del Aire,* sintonizada a esa hora en la mayoría de los hogares. Al llegar a la esquina de Compostela y Lamparilla, solar donde vivía Olguita, quedaron ante el portón para seguir la plática, sólo interrumpida por el escandaloso pregón de un manguero, que desde una pesada carretilla pregonaba: "¡Mango, mango, mangué, traigo el rico mango que le gusta a usted!".
—Frutas y mujeres son lo más agradable de este país. Créame, esa ha sido la primera impresión que me he llevado de Cuba
—Me parece que exagera un poco, además de las mujeres y las frutas aquí hay también otras cosas dignas de alabarse
— ¿Es usted estudiante o ama de casa?

—No, ninguna de las dos cosas. Trabajo cantando, soy solista vocalista. Cultivo el género del cancionero romántico. Y parece que no disgusto, pues me presento en algunos *nightclubs* de la ciudad.
—Pues goza usted de una profesión encantadora ¿Acaso alguno de esos centros nocturnos es el Rumba Palace? «Preguntó con temor» de que conociera a las famosas *Diabólicas*.
—No, por supuesto... Ese es un centro poco prestigioso «aclaró la joven» con cierto menosprecio.
Las lisuras de Lunin fueron interrumpidas de pronto por las insistentes llamadas que le hacían a Olguita desde la ventana de una habitación del solar. Una mulata, entrada en años, de cara afilada, con un turbante enrollado a la cabeza, toda vestida de blanco y llena de collares de colores, voceaba a la muchacha:
—Chica, ¿Ya te mudaste de casa? ¡Hace ratón y queso que te espero para ir a casa de Ña Teresa. ¡Niña, que el pan se te va a poner *zocato*!
—Disculpe usted. Esa es mamita, «dijo Olguita», evidentemente turbada ante el reclamo de la madre. Se llama Catalina Catalá; pero después que se ha hecho santo, se me ha puesto insoportable. Bueno, ahora sí tengo que dejarle, caballero.
—Sin embargo, tengo una idea mejor, señorita. Si le parece, como llevo ya desde finales de septiembre en la ciudad y aún no he visitado la catedral, se me ocurre invitarla para que me acompañe el domingo a misa Después, me sentiría muy honrado si fuéramos a almorzar. Por favor, se lo ruego, no quisiera perderme el placer de volver a verla.
Olguita bajó los ojos con timidez para responderle:
—De acuerdo, le acompañaré; pero lo de almorzar... lo veríamos después.

Lunin retomó la dirección al puerto, llevando en su mente a Olguita e imaginando el placer que sentiría con una mujer así, hasta que llegó al bar *Two Brothers*, el preferido por las tripulaciones de casi todos los barcos que arribaban a La Habana. Allí, músculos y salitre confraternizaban, intercambiando experiencias sobre las duras faenas del oficio. Entre los marinos se hablaba un lenguaje vulgar, sin ambages, ambiente ideal para obtener información. Ocupó una banqueta junto a la barra y le encargó al dependiente un ron doble con Coca Cola. Sacó de la petaca de plata un habano *H'Uppmann* pidiéndole fuego a un parroquiano que estaba a su lado, le sirvió para iniciar una conversación trivial.

— ¿Está siempre tan concurrido este lugar? Preguntó con naturalidad.

— ¿Es la primera vez que viene usted al Puerto Chico? Replicó el marino.

—Sí, soy comerciante hondureño y hace poco llegué de España, aquí estoy tratando de levantar cabeza en La Habana, vendiendo y comprando telas. Por eso vengo aquí, pienso que a muchos marinos les interesaría venderme cortes de tela, los que pagaría a buen precio.

—Entonces, usted es un polaquito, como llaman aquí a los que están en su giro. Yo soy de la tripulación del vapor Manzanillo, una vieja chatarra de mil doscientas toneladas, sólo por providencia divina llega hasta Inglaterra. Me llamo Casimiro Martínez y mi compañero, aquí a mi lado, es el tripulante Indalecio del Valle Marín.

—Yo no tendría el valor que tienen ustedes para lanzarme a esa aventura, le confieso «afirmó Lunin» frunciendo el ceño.

—Pero hay que buscarle la chaucha a los chamacos, aquí no hay trabajo ni pa' Cristo si baja a la tierra. Hay que levar anclas y fajarse con el mar, que a veces se pone puñetero, con la batea en que vamos.

—Eh, cantinero, por favor, repita a mis amigos, otra ronda... Va por mí «convidó con entusiasmo a los marinos cubanos» el ya bautizado "polaquito".
— ¿Y qué pueden cargar en un barco tan pequeño?
—De todo, polaquito: mieles, alcohol, minerales, lo que le echen, cualquier cosa que les sirva a los ingleses, ¿O se le olvidó que están en guerra con los alemanes hijos de puta?
Aquella expresión le hizo tragar saliva y por un momento se sintió confundido. De repente, un clima de tensión se adueñó del salón. El problema comenzó en una de las mesas del bar, cuando un moreno que compartía con otros marinos señaló con un dedo a un mulato capirro que bebía unas copas en la barra.
— ¡Aquí no pueden haber putas compartiendo con los hombres! «Gritó el moreno» para que todos lo oyeran. ¡Porque yo no soy *bocomero*, yo soy un *abacuá, abanacué*! Y no puedo estar cerca de *chivatos*. Ese tipo, pa' que todos lo sepan, es un soplón de la Naviera!
El ñáñigo se había levantado de manera desafiante de la silla y sus ofensas al capirro eran cada vez más denigrantes. Sin decir palabra, el mulato se viró con rápido gesto y le lanzó al moreno una botella de ron que fue a darle directamente en el pecho. El *abacuá* respondió encolerizado, lanzando otra botella que hizo blanco en la cabeza de su oponente, quien cayó al piso completamente aturdido. Rápidamente, la riña se hizo tumultuaria, cada cual daba rienda suelta a toda la agresividad reprimida. De diferentes partes se lanzaban botellas, banquetas y sillas que hicieron añicos la repisa de cristal y los espejos del bar. Al calor de la reyerta, el cantinero, sulfurado, sacó un machete debajo del fregadero y blandiéndolo cual carga mambisa, amenazó con cortarle la cabeza a quien se pusiera a su alcance. Por mucho que Lunin trató de esquivar golpes y porrazos no pudo evitar una cortada en la mano y un sonado gaznatón por la nuca

que le hizo sentir un agudo silbido en el oído derecho. Aquella bronca de rompe y raja ganó matices tan siniestros que el polaquito con el alma de corbata optó por arrastrarse entre las mesas hasta que fue a enredarse con los pies de un negro cara cortada, repleto de collares, cual tótem carabalí, quien al verle entre sus zapatos le gritó:
— ¡Eh, pendejo! ¿Qué coño hace allá abajo?
El debut de esa mañana para intentar acopiar información con destino al Abwehr, devino en rotundo fracaso. Con la camisa rasgada, la mano sangrando, verdugones por doquier, y vomitado además por un participante en la trifulca, el hombre del *Tercer Reich* en La Habana regresó a la pensión de Teniente Rey repitiéndose lo que Herr Degan le había advertido: *"las reyertas pendencieras son aquí una pandemia"*.

Capítulo 7

Ese domingo Lunin aguardaba impaciente la llegada de Olguita, vestido impecablemente de cuello y corbata, con un traje gris de casimir inglés gris claro. Ante el portalón de la vieja catedral consultaba impaciente el reloj. La cita se había fijado para las ocho y ya habían transcurrido treinta minutos. Pensaba que la mejor ocasión para comenzar a cortejar a una señorita sería al terminar la misa. Precisamente esa mañana la catedral oficiaría una misa especial en honor a la Purísima Concepción y a San Cristóbal de La Habana, marco ideal para demostrarle a la joven el sentimiento que de golpe se le había metido dentro como ladrón en la noche.

Finalmente, calmó su ansiedad cuando vio asomar a Olguita por la esquina del Callejón del Chorro, con su andar gracioso y altanero. Llevaba un vestido verde claro estampado que realzaba primorosamente su silueta y que desde que entró al sagrado recinto se convirtió en blanco de numerosas miradas indiscretas.

Una vez concluida la misa, la pareja salió de la catedral junto a los feligreses que comentaban la homilía sobre la guerra y la sustitución de monseñor Pérez Serantes por el padre Arteaga. Se detuvo ante el portón Lunin y a fin de prolongar el placer de su compañía le pidió a Olguita que le mostrara parte del casco histórico de La Habana Vieja, a lo que la muchacha asintió con una sonrisa con disimulado orgullo.

—Y ahora ¿Te parecería bien visitar El Templete? Según cuentan, su historia es muy sugestiva «sugirió ella con tono de persona entendida».

—Por mí, encantado. Es un honor aprovechar tus conocimientos de esta plaza. Al menos, no soy extranjero de lupanares... Como tú, me inclino al arte, a la cultura y la filosofía «comentó sonriente».

—Vaya, no exageres. Es que durante un tiempo, antes de dedicarme al canto, tuve que ganarme la vida como guía de turismo por esta zona. De esa manera costeaba mis estudios con las propinas que recibía. No eran muchos los turistas que entusiasmaba, para que me siguieran, porque la mayoría de ellos vienen a Cuba como exploradores sexuales, buscando casinos, prostitutas y cuanto vicio campea en este país.

—A mí jamás me verás en esos antros «dijo Lunin con voz apagada, escurriendo la mirada».

—Bien. Este es el Templete. Cuenta la leyenda que el 16 de noviembre de 1519, colonos y vecinos se reunieron en este lugar para celebrar la primera misa y la asamblea del cabildo en las que quedó establecida definitivamente la ciudad. En cada aniversario de ese acontecimiento se renueva la tradición de dar vueltas alrededor de la ceiba que aquí ves, al tiempo que cada cual formula un deseo. «Narró animadamente».

Después de caminar por el parque frente al Palacio de los Capitanes Generales y al Palacio del Segundo Cabo, Lunin tuvo una ocurrencia. Señalando hacia el embarcadero de las lanchas que trasladaban pasaje al poblado de Casablanca, se atrevió a pedirle a su anfitriona:

—Me gustaría pasear ahora por la bahía. ¿Sabes? Adoro el mar. Tal vez por un viejo recuerdo de mi infancia en Utila.

—Me parece muy sugestivo satisfacer tu vocación marinera. Precisamente, Benjamín, un joven vecinito mío, tiene una chalupa con toldo aquí en el embarcadero para trasladar a la gente desde la Avenida del Puerto hasta el Castillo del Morro «convino la joven» tomándolo con soltura por el brazo.

A esa hora del domingo, el joven botero se anunciaba a gritos desde su embarcación mecida por el oleaje, con la esperanza de conseguir algún turista interesado en visitar el Castillo del Morro. La presencia de Olguita con un cliente deseoso de pasear por el puerto le vino como caída del cielo, por lo que se apresuró a acomodarlos en su caricatura de góndola criolla, que regalaba un vaivén con cada golpe de ola.

Sin perder el hilo de la conversación, el romántico hondureño escudriñaba cada barco de bandera inglesa surto en el puerto habanero. Su mirar era como el de una cámara filmadora desplazándose por la bahía. "Sería muy provechoso estrechar mis relaciones con este joven para repetir con frecuencia las incursiones por la bahía", calculó el comandante del Abwehr, mientras que el viento

balanceaba al ligero bote provocando la risa nerviosa de la joven.
— ¡Ay, amigo, no sabe lo bien que me ha venido este paseo! No hay nada que me tranquilice más los nervios que navegar. Tenga por seguro que volveré con frecuencia, como un paciente en busca de su medicina" «manifestó al despedirse de Benjamín», dejándole una generosa propina.
—Y ahora, señorita, una invitación casi forzosa. Me atrevo a convidarle a probar cerca de aquí uno de los platos más exquisitos que he descubierto en La Habana Vieja. ¡Se trata de una paella valenciana! Paella que acompañaremos con un buen vino. ¡Así, hoy nuestro encuentro lo haremos inolvidable!
Embriagados de sol llegaron a las puertas del hostal, ubicado en la esquina de Oficios y Obrapía. El edificio, techado completamente con maderas preciosas, conservaba el aspecto colonial, y en su patio interior sembrado de plantas ornamentales había un pequeño bar donde tomaron varios aperitivos antes de almorzar.
—Y bien ¿Pudiera contarme mi bella guía cómo se hizo cantante? «Inquirió el joven» tratando de amenizar la conversación.
—Pues nada chico, tuve suerte. Me presenté en la Corte Suprema del Arte, y al parecer se rompió la campana, porque no me la tocaron. Rosita Fornés, la joven que actualmente está en el *Teatro de la Comedia* con gran popularidad, llegó también de esa manera. Por supuesto, yo no llego a su estatura, sólo hago mis pinitos.
Para hacerle más agradable a la pareja la estancia en el restaurante, un trío se acercó a la mesa y comenzó a interpretar el bolero, "Nuestras vidas", de Orlando de la Rosa. Enrique Lunin aprovechó el momento musical para brindar con su copa y dedicarle una mirada sensual a Olguita, emocionada por sus requiebros.

—El árbol que nace para violín, si lo tocan, suena. Y si de algo estoy seguro es que, cuando canta, usted debe parecer un ruiseñor.
— ¡Mire que es exagerado! ¡Pero, si ni siquiera me ha oído! Así que me ha salido usted un embustero. No obstante, si quisiera oírme, estoy cantando por las noches en el show del *Zombi Club*, me acompaña al piano el maestro Adolfo Guzmán, un artista talentoso. Otras veces canto en *La Concha* y en el cabaret *La Campana*, aunque, ahora estoy aterrada, en cualquier momento me veo sin contrato, con la depresión que se está viviendo, cada día cierran más centros nocturnos.
—En cuanto a mí ¡Ojalá que esta depresión no entorpezca mis planes de montar una casa de modas! Incluso, ya pensé el nombre que voy a ponerle *"Estampas Modas"*. Creo que seguiré yendo a rezar los domingos a misa, para que Dios me ayude.
—Pues cuente usted con mis oraciones para que se abra paso en este país, es bien difícil para los recién llegados. El ejemplo más trágico son los judíos que están entrando a Cuba, huyéndoles a los nazis.
—Aunque, no me puedo quejar de mi suerte, señorita Olguita ¡Qué más fortuna que haberla conocido! Desde que la vi soy su más sincero admirador. Tan ferviente, que tengo la corazonada de hacer historia de esta relación tan bella que usted me ha permitido «lo dijo con tanto ardor» que las pupilas de Olguita refulgieron para mirarlo quedamente, intentando vislumbrar la verdad de sus palabras.
—Vaya, vaya, me ha salido también muy zalamero; pero ahora le toca hablar de usted. Me dice que es hondureño. ¿Lleva mucho tiempo alejado de allá?
—Bueno, yo nací en Utila, una islita que es posesión de Honduras, «empezó a narrar su historia» sopesaba cuidadosamente cada palabra. Para mí, lo único que tiene

de interesante son las iguanas negras. Cuando era un adolescente me fui con mi familia para Alemania. Después, por cuestiones de negocio viví en Santo Domingo y en septiembre de este año, escapando de los nazis llegué a Cuba. Aquí se vive tan tranquilo, tan distinto a lo que se vive en España, y sobre todo en Alemania.

— ¿Te gusta la literatura, Enrique?

—Oh, claro que me encanta. Me considero un lector apasionado.

—No sé si conoces qué pronto visitarán a Cuba dos grandes talentos, la chilena Gabriela Mistral y el alemán Thomas Mann, quien escribió "La Montaña Mágica" ¿La conoces?

Heinz Lunin tuvo que reprimir la emoción que le había despertado escuchar ese nombre. En la escuela de espionaje de Klopstock se había enjuiciado a Thomas Mann como enemigo acérrimo del Reich, merecía ser exterminado. En su última obra, "Mario y el mago", el escritor se había atrevido a criticar duramente al Führer y al socialismo nacional.

Al llegar al portón del solar, Olguita le agradeció su invitación, dejando abierta la posibilidad de un reencuentro

—Bueno, Enriquito, me parece que por hoy has tenido bastante de mí; y no quiero aburrirte, pero ciertamente tengo que ayudar a Mamita, que ya debe estar con el moño virado. Lo mucho se gasta y lo poco basta, así que nos veremos otro día. Te confieso que a tu lado he pasado un día maravilloso. Eres una persona muy agradable.

—Quizá mi forma de admirarte debe asustarte. Pero no puedo refrenar lo que provocas en mí. Permíteme ir a verte al Zombi y deleitarme con tus canciones ¿Pudiera ser mañana, por la noche?

—De acuerdo; pero sólo si te portas bien «le advirtió con un coqueto gesto de sus ojos».

De regreso, caminaba despacio en dirección a la casa de huéspedes cuando al cruzar la calle de Villegas, una señora de edad avanzada, con una redecilla en la cabeza y vestida con elegancia, le llamó para que le alcanzara un sobre que se le había caído.

—Gracias, caballero, muy amable de su parte, Kartoefell me pidió le entregara un mensaje de Mamy y su tío Gustav, le mandan recuerdos dicen estar muy bien. Quédese usted con el sobre, encontrará cierta información que deberá transmitir cuanto antes. ¡Que Dios le acompañe!

Heinz August Lunin llegó a la puerta de la pensión de Teniente Rey y subió con rapidez la angosta escalera. A esa hora todos los huéspedes estaban ausentes y, como de costumbre, la española Delfina disfrutaba de una siesta. Cerró la puerta de su habitación, cuyos ventanales había cubierto hasta el piso con una tela metálica verde oscura, abrió la jaula de los canarios, que enseguida comenzaron a revoletear alegremente, con su trinar aflautado.

En pocos minutos convirtió la consola de radio RCA Víctor en un potente transmisor, pulsando la llave empezó a retransmitir el siguiente mensaje hacia Chile:

"Vigilar 55—47 W 369 a las 18 horas en NNE. La semana pasada muy tranquila. Vi solamente 9:00 a.m. «barcos americanos» de puertos del Golfo, todos de New York, excluyendo el Ferry de Key West, uno británico de tres mil toneladas de carbón. Americanos mieleros salen 5:00 p.m. Un Likes americano. Todo el 70% de alcohol sobre mieles. Exportación considerada en trece mil pesos. Ahora la aviación americana patrulla día y noche, dicen que aumentan fortificaciones en Guantánamo. Una depresión general, hacen falta barcos de turistas, hoteles y cabarets han cerrado. Se ríen del fracaso de Libia. Las horas mejores en que salen los barcos americanos, es entre 5:00 y 6:00 p.m."

Sombras trémulas se proyectaban en la pequeña habitación que ocupaba el espía. Por un rato, el comandante del Abwehr, Heinz August Lunin contempló la pistola lapicero que le había entregado el Almirante Canaris cuando terminó su entrenamiento en Klopstock. Acto seguido tomó un habano de la mesa y lo encendió para darle unas cuantas bocanadas. Tomó dos palillos de dientes unidos con una hebra de hilo, mojó sus puntas con aspirina diluida en alcohol y limón y ratificó por escrito en un papel de carta el mensaje que había terminado de radiar. Satisfecho, se dijo para sí: "Mi mujer y mi hijo gozan de salud, y por mi parte, ¡Ya cumplí con mi patria!".

Capítulo 8

—Estimado señor Ho, usted padece de una enfermedad provocada por calor y humedad en el intestino grueso, le administraré diversos métodos a fin de eliminar esa condición. Le ayudará la acupuntura, algunas plantas medicinales y esencias del Himalaya. De esa manera se controlará la diarrea «dijo la doctora de medicina oriental» Meilin Sin Fen al paciente, al tiempo que hacía sonar una campanita de plata llamando a Li Choe, su enfermero.
—Por favor, Li Choe, punture al señor Ho en sedación: los puntos Intestino Grueso 4, Estómago 44 y 45, hágale una sangría en Vejiga 40.
— ¿Cuántas veces más deberé venir, doctora?
—Estimo que deberá volver unas diez veces, para continuar con los tratamientos hasta que surta efecto. Además, beba el jarabe que le dará mi asistente; una tacita en ayunas y otra

antes de cenar. Tiene un olor algo desagradable, como a queso rancio, sus efectos son prodigiosos.

Cuando el enfermo se retiró, la doctora Meilin Sin Fen se sirvió una taza de té de la tetera de porcelana y por un momento su mirada quedó fija en el tapiz que mostraba un tigre desafiante. Se sentía agotada después de siete horas de consulta... cada día una clientela numerosa aguardaba frente a la puerta de su consultorio, ubicado en un viejo caserón en San Nicolás casi esquina a Zanja. Sus métodos curativos, eran eficaces y casi místicos, le habían dado en corto tiempo gran prestigio y popularidad en el barrio chino de La Habana.

El señor Luan y su esposa eran los últimos pacientes que esperaban ser atendidos por la doctora. La mujer, que había cumplido los setenta años, sufría desde hacía meses de una inexplicable melancolía. Había probado todo tipo de medicamentos sin resultado alguno, por lo que la presencia de la joven médica llenaba al matrimonio de esperanza.

La doctora comenzó por hacerle un examen físico tradicional, mientras que emitía un mantra que se expandió por todo el cubículo. La lengua salívante y roja, un pulso tenso como cuerda y el cuero de su cabeza estaba reseco, presentaba piel escamosa y ulcerada, no dejaba duda, según comentó a su enfermero, la señora Luan presentá una desarmonía de pulmón a causa de un continuo rumiar ideativo. Al terminar la exploración física invitó a la anciana a tomar asiento en un ángulo de la sala pintada de blanco, frente a las imágenes de *San Fan Con*, espada en mano, y de *Sun simiao*, el rey de la medicina china.

El recinto estaba iluminado tenuemente y el aroma del incienso aromatizaba el lugar. Meilin Sin Fen se hallaba sentada en posición de loto sobre una alfombra a corta distancia de la paciente, fijó la mirada por encima de la cabeza de la anciana, como si en vez de mirar tratase de que en sus ojos felinos penetrara mayor cantidad de luz. La quietud de su rostro y una sosegada respiración facilitaron que cayera en estado potenciado de conciencia. En esa dulce serenidad, la médico asiático cobró una belleza singular. Potenciado su hemisferio derecho, comenzó a entrever un halo gris azulado que pulsaba alrededor de la cabeza de la anciana, seguido de una nubosidad verdosa que permitió visualizar el eje torcido y ligeramente luminoso que atravesaba su cuerpo.

— "Mucho dolor hay en su alma, señora Luan «expresó Meilin Sin Fen en voz baja»; también la envuelve mucho temor. Todo ello ha provocado que sus siete puertas estén por completo inarmónicas y la línea del *Hara* muy distorsionada".

La angustiada anciana no pudo evitar empezar a llorar, y entre sollozos comenzó a contarle a la doctora que su esposo, recién llegado a Cuba, había sido víctima de las Tong, las *"cuadrillas de la muerte"* de la Sociedad Chu Kong. Debido a su militancia en el *Kuomintang* había sufrido una *extorsión que le hizo perder todos sus ahorros*, y a partir de esa época la felicidad la había abandonado «confesó la desdichada mujer».

—Cálmese, le aseguro que mejorará considerablemente le recetaré las esencias del Himalaya, gustosamente se las dará Li Choe. Empezará tomando siete gotas cada ocho horas por el tiempo indicado. Además de las infusiones de *Yi Mu Cao* que le daré... pronto verá los resultados, no se impaciente. Recuerde lo que Confucio dijo: *"una enfermedad contraída sin culpa mejorará por sí misma"*.

Tras cerrar la puerta de la casa, Li Choe se brindó a aplicarle un masaje *Tuina* a la doctora para que recuperara las energías invertidas en el tratamiento.

— ¿Qué tenemos para almorzar, gran amigo? Siento apetito voraz «dijo Meilin» mientras sentía las manipulaciones hábiles de las manos de su enfermero, por el cuello y la espalda desnuda.

—Manjares deliciosos, mi señora. La buena de Chang nos tiene preparado sopa Wan Tan, arroz frito y pescado agridulce ¿No le parece excelente?

— ¡Maravilloso! Aunque no quiero comer mucho. Tengo que asistir a la residencia del excelentísimo señor Ti Tsun Li para participar en la verbena *"Una taza de Arroz"*, festejando el Día de Socorro a China, que institucionalizo el gobierno cubano. Nuestro excelentísimo embajador espera asistan importantes personalidades, creo que es una manera muy ingeniosa de celebrar el acontecimiento. Mi madre decía que la mejor manera de pedir apoyo es brindando una taza de arroz. Llevo siempre su imagen en mi mente, me enseñó mucho en la vida...

—Hábleme de ella, doctora. Sé por algunos conocidos que fue una mujer verdaderamente extraordinaria «solicitó Li Choe con sumo interés».

Meilin se incorporó de la camilla, dejando ver sus pequeños senos redondeados, y vistió su bata de casa de color magenta que contrastaba con lo nacarado de su piel.

— "Sí, tienen razón. Mi madre fue una mujer única. SangRa me trajo al mundo en el año del tigre. Japonesa muy bella, nacida en Yokohama, toda su familia pereció en el devastador terremoto de 1923. Viajó de muy lejos en busca de mi padre, a quien pretendía asesinar por ser uno de los principales dirigentes de la Sociedad Secreta *Tung—meng, él* gozaba de la absoluta confianza de Sun Yantsen. Mamá Sang tenía esa misión, era *kunoichi*, una ninja. Sin embargo, los dioses no lo permitieron. La dulzura de mi padre y su gran humanismo como médico, ayudando a todos sin interés, hizo que al conocerlo y frecuentarlo lo admirará y se enamoró perdidamente de él, traicionando así el juramento de fidelidad que había hecho como *kunoichi"*

Meilin Sin Fen interrumpió el relato para tomar un sorbo de té para añadir emocionada:

—Por la traición a su clan, siempre vivió en angustia de que cobraran venganza contra ella y su familia; como era costumbre hacer con quienes traicionaban el juramento. Por eso, desde que fuimos niñas se dedicó a entrenarnos en el arte del *Nin Jutsu*. Nos preparó hasta la perfección en el estilo *Togakure—ryü* y sus dieciocho técnicas guerreras. Tan pronto amanecía nos levantaba gritándonos: "¡Arriba parásitas, fuera de la cama! ¡Velocidad, equilibrio, fortaleza, agilidad y resistencia! ¡Siempre tengan presente la astucia, osadía y disciplina! Hizo de nosotras casi acróbatas de circo... Incluso, nos enseñó el *Kisha*, que es el arte de hacer el amor, al igual que en la India enseñan a las jóvenes el *Kamasutra*; o en China, la *Cámara de Jade*. Aunque el *Kisha* difiere, porque enseña ganarse la confianza del hombre con artimañas sexuales para asesinarlo arteramente".

Emocionado por el relato Li Choe fue por la tetera y se sirvió otra taza de té, cuyo aroma se confundió con el agradable olor a incienso y la fragancia del aceite de *Patchouli* que emanaba del cuerpo de Meilin Sin Fen.

—"A veces pasaba largas horas frente al espejo, aprendiendo a sujetarme el cabello con la *Kansashi*, que sirve también como un arma mortífera, principalmente cuando se tiene un hombre encima. La agujeta hay que introducirla rápido por el punto *Fengfu*, lo que provoca la muerte instantánea al punzarse el bulbo raquídeo. Otra práctica que dio mi madre fue soportar las crisis de vómitos que me provocaba ingerir pequeñísimas dosis de diferentes venenos, hasta que mi cuerpo llegó a tolerarlos. De esa manera los podía transportar, diminutos y escondidos en mi encía. Sin equivoco, el beso que daría sería letal hasta para el más fornido de los hombres. Todo este aprendizaje me ha sido siempre muy útil, al igual que las prácticas del *Sidi Yoga* que recibí de los lamas en Célebes, cuando servía como médica en Manado... bien, esa sería otra historia. Después que los japoneses asesinaron a mi madre, me entristece considerablemente hablar de ella... Al menos aun vive mi padre y, como yo, vengará su muerte".

—Es usted sencillamente sorprendente. Ahora comprendo por qué entre los nuestros le llaman *"la luz de Célebes"* «expresó emocionado Li Choe».

—No me alabes tanto, amigo Li. Confucio dijo: *"nunca busques auxiliares que quieran, adulándote, ganar tu estima...*«replicó Meilin» con una sonrisa burlona.

Al anochecer y en la quietud de su habitación, la hermosa asiática se miró coquetamente ante el espejo mientras se perfumaba con *Flor de Manzano* para asistir a la *Verbena del Arroz*. Se había estrenado un *qipao* tradicional chino color azul celeste, abierto a medio muslo y con el cuello cerrado, que decoraba armoniosamente su figura.

Cuando terminó de retocarse salió con Li Choe en busca de su auto, aparcado en un garaje cercano, dada la gran aglomeración de público que había en las calles aledañas festejando las fiestas del Dragón, que anualmente recreaba las tradiciones populares. Los vecinos inclinaban la cabeza respetuosamente al paso de la doctora, quien caminaba entre el público que disfrutaba la danza del león, desplazándose con su muñeco de tela al compás del gong, los tambores y platillos. Entre tanto, la otra esquina ofrecía el espectáculo del *caiking*, la escalera humana donde dos hombres combatían por apoderarse de una lechuga rellena con dinero. Las calles iluminadas en el barrio chino habanero, esparcían el olor de la manteca frita donde danzaban bollitos de carita, pitos de auxilio y majúas, mientras en otros kioscos se anunciaban con sonrisas y gestos las rositas de maíz y el maní garapiñado.

Li Choe detuvo el sedán negro matrícula EF 21—164 frente a la residencia del excelentísimo doctor Ti Tsun Li, en el reparto *La Sierra*, bajando con presteza para abrirle la puerta trasera a la doctora Sin Fen.

A la entrada de la residencia consular, dos agentes del Servicio Secreto de Palacio comprobaban las credenciales. Caballeros y aristocráticas damas no pudieron dejar de mirar a la estilizada asiática que irrumpía con elegancia el recinto diplomático. Tan pronto el embajador Ti Tsun Li Tan distinguió a su compatriota acudió a darle la bienvenida, mientras que en una esquina del salón un grupo comentaba con admiración sobre la hermosa escultura de Kuan Yin la diosa de la misericordia china, que con cejas de luna y sonrisa mística se destacaba en medio del mobiliario de estilo *Qing*. Ocupaba el centro del lugar una larga mesa con vajilla de plata colmada de manjares orientales, el arroz *Tres Delicias*, de obligada degustación por presidir la verbena, gambas con bambú, langostinos con salsa cantonesa, masas de cerdo *moo—shi*, pato a la pekinesa, pollo *shoy—tea*, rollitos primavera, *wantan*, pequeñas albóndigas con *chao—sao* y otras delicias.

Los camareros, uniformados con filipinas, caminaban entre los invitados portando bandejas con copas de licores asiáticos. Y para quienes preferían bebidas occidentales, estaba la gran variedad de alcoholes, teniéndose en cuenta hasta el delicado gusto femenino con *Castell de Vinardan, Dubois, Faustino* y *Berberana*.

Se encontraban presentes en la velada algunos altos dignatarios, como los excelentísimos embajadores de Estados Unidos y del Reino Unido. Por la parte cubana, entre otros: el jefe del Ejército Constitucional, general López Migoya; el general Manuel Benítez, jefe de la Policía

Nacional; los ministros Ramón Zaydín y Juan Remos; el representante Don Pedro García del Risco; el Rector de la Universidad Méndez Peñate y la Primera Dama Elisa Godinez de Batista, acompañada por su secretaria, la señora Coral Rodríguez San Pedro. Estaban además, la condesa María del Rosario Serrano y de Rivero, y la Marquesa Antonieta de Aranguren y de Picard, todos bajo la seguridad del Servicio Secreto de Palacio, al mando del Comandante Miguel Lavastida, familiarmente llamado Miguelón.

—Señorita, con su amable permiso ¿Permitiría usted satisfacer la gran curiosidad que nos asiste? ¿Es usted familia del embajador Ti Tsun Li «preguntó el embajador británico Sir Forbes a la doctora Sin Fen» cuando ella cruzaba junto al grupo de ingleses que charlaban amistosamente.

—No, lamentablemente no tengo ese honor.

—Entonces ¿Es chino cubana? «Inquirió Mr. Stringer».

—Tampoco comparto esa dicha. Soy de Cantón y graduada de medicina tradicional en la Universidad de Chungshan, la que fundó el doctor Sun Yantsen hace ya diecisiete años.

— ¡Ah, caramba, qué interesante! Dicen que los médicos chinos tienen muy buen ojo clínico y especialmente mucha fama en esta isla. De ahí el refrán de "¡A ese no lo salva ni el médica chino!" «Comentó con jocosidad» la esposa del embajador británico.

—Si se refiere usted, honorable señora, al médico conocido por Juan de Dios de Jesús Sian, que hace muchos años ejercía en Camagüey, conozco su historia «respondió Meilin Sin Fen» con una sonrisa.

—Espero que mañana la veamos en el Café de Honor que ofrecerá la *Federación Tabacalera de La Habana*, para celebrar el primer envío de dólares y cigarros que donan al Ejército Rojo «aprovechó el embajador Sir Ogilvie Forbes para invitar a la fascinante asiática».

Cerca de la animada conversación de los británicos con Meilin Sin Fen, Salvador Díaz Versón, exjefe de la Policía Nacional cubana y agente encubierto de la Inteligencia norteamericana, le comentó al general López Migoya:

—Fíjate en la china regodeándose con los británicos. Esa mujer, con toda seguridad, es una agente de Chiang Kai Shek. Aunque confieso que es arrebatadoramente bella. Con una mujer así yo nunca podría conciliar el sueño.

—Tal vez esté en lo cierto, señor Versón, pero de ser espía sería una magnífica aliada, siempre que no sea comunista, por supuesto «reparó el general Migoya». El Kuomintang está atravesando ahora una situación sumamente crítica a causa de los comunistas de Mao. Tengo el convencimiento que de seguir ese rumbo acabarán pronto con el chino Chiang, si no se apura en evitarlo.

—¿Puedo saber de qué hablan tan distinguidos caballeros? «Interrumpió Manuel Benítez», el apuesto jefe de la policía cubana, conocido como el pinareño.

—Hablamos de la belleza de la china que está ahora conversando con los diplomáticos británicos, y precisamente comentábamos que tiene un porte enigmático como de espía «respondió Díaz Versón».

—Aquí los chinos no tienen espías. Los que viven en Cuba son gente pacífica, cautelosa, muy previsora. No son bullangueros como los negros, ni siquiera van a iglesias, ni a bailes, ni merodean en los parques. Para colmo, no celebran ni matrimonios ni cumpleaños. Siempre dicen: "¡Chino solo anda bien!", Sabemos que esa china llegó a Cuba en una jira procedente de San Francisco, acompañando a su hermana, una tal Bai, que era la artista estelar de un elenco contratado para actuar en teatros del barrio chino. Cuando regresó la compañía, ella y otro chino joven del elenco, que le sirve de recadero, optaron por quedarse, y como ella es médico naturista, montó un consultorio poco después, cerca de la

Calle Zanja. De lo que sí goza es de buen respaldo económico, por una fortuna que heredó, según me informaron; y está invitada a esta recepción por ser el médico de cabecera del embajador Ti Tsun Li. Ahora bien, caballeros, si además es puta, echémosle la culpa al vino y a la mucha fruta «ocurrencia del general pinareño» que provocó una carcajada en los presentes.
En el jardín del recinto consular, Elisa Godínez, la Primera Dama de la república probaba una copa del licor *Kao liang* mientras conversaba con Miguelón el jefe de la seguridad personal presidencial, viejo conocido en la familia presidencial.
— ¡Señora, va a envenenarse con ese purgante chino! No diga después que no se lo advertí. Por eso, lo mío es Bacardí a la roca. El chino de Tsun Li tiene un circo en la cabeza y es capaz con sus brebajes de destruirlo a uno física y moralmente.
—Calla esa boca, Miguelón, tu siempre tan mal pensado. A mí me parece un hombre honesto. Eso sí, muy parsimonioso. ¿Qué tu quieres?, si es chino.
—Si lo coge la *Kempei—tai* japonesa habría que ver si sigue tan ceremonioso.
Mientras, en el jardín de la residencia, bajo la luz de los faroles, un viejo instrumentista chino comenzó a interpretar con su cítara antiguas melodías orientales para un grupo de invitados entre quienes se encontraba el representante a la cámara don Pedro García del Risco, que hacía corro con la condesa María del Rosario y la marquesa Aranguren, las cuales le reían a carcajadas sus ocurrencias.
—Estos palitos chinos me los voy a llevar para rascarme la espalda y algo más, son mejores que la manito china. ¿Ustedes no se rascan con la manito? ¡Señoras, es divina, excitante, erótica, telúrica! Me contaron, psh, calladito, que el cocinero chino de esta casa es un espía japonés y le ha

puesto afrodisíacos a todos los platos para ponernos la cabeza mala.

—¡Ay, que atacante eres, Pedro! ¡A la lengua, a la serpiente y a Pedrito, hay que temerles! «Sentenció la condesa Serrano» con sonrisa burlona.

—Oye, te aseguro que esto tiene Ying—tsé. Deja que salgan de aquí con un soplete en la telaraña divina… ¡Me van hacer un cuento…! Si me pasa algo, los voy a denunciar al Bonito…

—Pedrito, tú siempre le dices al general Benítez, "el bonito" ¿Por qué ese apodo? «Preguntó curiosa la condesa».

—Niña, no me digas que tú no sabes que él era artista segundón en Hollywood. Creo que hizo dos películas en la United por unos cien dólares que le pagaron «aclaró febrilmente amanerado» el extravagante político.

—Aquí se ha invitado a mucha chusma tragona de mariposas chinas. Nada, que es la claque, por eso no hay cosa más cierta cuando te dicen que tienes un chino atrás «dijo la Picard» haciendo una mueca en la cara toda empastada de afeites.

—¡Ay, miren para allá! Por ahí va la cantonesa. Dicen que es médico; y a mí me contaron que es la querida del embajador «comentó con sorna Don Pedrito».

—¡Huy, qué despiadado eres, Pedrito! No te das cuenta de que Ti Tsun Lin la tiene como un almanaque chino «intervino la Rivero» lanzando una carcajada.

—No es que yo sea envolvente, ni atmosférico; porque también sé alabarle el caretón de cine que tiene «respondió Don Pedrito» mientras se alisaba los cabellos.

Cuando el citarista terminó, por el audio se escuchó a un animador: "Damas y caballeros, hoy tenemos para ustedes una sorpresa en la verbena. Se trata de la extraordinaria presencia de la cantante Lidia de Rivera, acompañada por el Sexteto Habanero, nos regalará esta noche las más bellas canciones de su extenso repertorio. ¡Recibámosla con un fuertísimo aplauso!

Como siempre, Don Pedrito volvió a la carga con sus insidiosos comentarios:

—¡Niñas, actualícense con el notición, ese figurón que está cantando, desde que debutó con la Viuda Alegre, es la querida de Pepín Rivero, el grandísimo hijo de su mamá que se ha negado a sacar mis fotos en su periódico, porque dice que soy un maricón de carroza... ¡Como si la gente no supiera que él tiene su pluma escondida!

Entretanto, la doctora Meilin Sin Fen, junto a una escultura del jardín, tejía sus pensamientos mientras disfrutaba el licor de bambú. Acariciaba distraída la copa cuando se presentó ante ella el secretario del embajador Ti Tsun Li para decirle en voz baja, tras cerciorarse de que no había nadie cerca:

—"Con su amable permiso, mi Comandante Si Fen. Ante todo, permítame comunicarle que su padre le envía saludos. Está con el general en Chongqing combatiendo a los japoneses y ayudando a superar las dificultades que atraviesa nuestra Patria. Mi apreciada "Luz de Célebes", el mando me encarga felicitarle por los resultados de su misión y le confía ahora una tarea sumamente importante: usted deberá desmantelar las operaciones que un grupo de agentes de la *Kempei—tai* está llevando a cabo en este país, precisamente en la Isla de Pinos.

Con la cobertura de pescadores se mueven por el archipiélago de los Canarreos, sondeando las profundidades y explorando las costas. Estamos seguros que le asisten siniestros planes. Incluso, gozan de la atención directa del propio general Nakajima, el jefe de la *Kempei—tai*. Igualmente, sabemos que el centro nipón de contacto radica en los altos del número 64 de la calle Consulado. Es

necesario neutralizar sus actividades, a como dé lugar. En nombre del pueblo chino, ¡Ajusticie usted a esos bandidos!".
La doctora Meilin Sin Fen llegó de madrugada a su casa bajo el agradable embeleso de la bebida, y se acostó ligera de ropas, llevándose a la cama una copa de *Kao liang*. Estuvo dando vueltas sin poder conciliar el sueño dada la alta responsabilidad que debía asumir honrosamente, hasta que sintió que sus ojos se cerraban hasta quedarse profundamente dormida.

Capítulo 9

Heinz August Lunin se dirigió a la entrevista que Herr Degan le había concertado con el Representante a la Cámara Pedro García, familiarmente conocido por Don Pedrito. Según lo convenido, a las cinco de la tarde ocupó una de las mesas del Club *Dirty Dickel*.
El *Dirty Dickel*, ubicado en la esquina de Ánimas y Misiones, en el centro de La Habana, era un club que gozaba de la preferencia gay, por lo que Lunin se sintió algo incómodo ante su pintoresca clientela. Al cabo de un cuarto de hora, un cincuentón de figura alta, cabello ondeado visiblemente teñido de rubio, ojos azules, y vestido completamente de blanco, apareció muy orondo, despidiendo la fragancia de una exquisita colonia *Coty*. Gran parte de los habitúes del club lo recibieron con efusivos saludos.
— ¡Uf, qué calor! ¡Es terrible el calor y la humedad de esta isla! «Comentó Don Pedrito» se veía sudoroso al sentarse junto a él. Es una mentira que los mambises acabaron con el ejército español. Fue el calor de mierda y los mosquitos, con la fiebre amarilla. ¡Gracias a Dios que el cirujano Reed

descubrió que era el mosquito quien la transmitía! Aunque la mariquita de Finlay quiso robarle el cartel. Dicen que hasta envenenó al médico yanqui, nada más salió de Cuba, puff, y estiró la pata. Fue Finlay, niño, le reventó la apéndice... Bueno, vayamos a lo vivo del tema, descorramos el telón. ¿Así que tú pretensión es poner en Cuba el Nuevo Orden? ¡Bravísimo!, pero primero déjame echarte una ojeada ¡Te ves bien macho! Sinceramente, me das miedo, mucho miedo...
El oficial del Abwehr sólo atinó a bajar la mirada y alisarse la frente con la mano. El afeminamiento del político cubano le hizo subir los colores, por lo que desvió el tema haciendo una pregunta insustancial:
— ¿Estuvo muy ocupado en estos días? No me fue fácil localizarlo en su despacho
— ¡Ay, niño, ni te imaginas! Estaba acompañando a mis amigas en todo el ajetreo de preparar los quince de Mirtica, la hija de King Kon, o sea, Batista. ¡Esa fiesta será del copón bendito para arriba! ¡Elisa se la va a gastar toda!
—Noto que está usted muy bien informado de la vida en las altas esferas, Don Pedro «señaló con una sonrisa».
—Así mismo es, aquí hay que vivir de ese modo, porque los dimes y diretes en esta Habana son de ampanga. Pero aguarda un momento, que aquel de la mesa del rincón nos está mirando mucho. Yo sé que es un maricon apapipio de la Policía. ¡Tú vas a ver que si sigue mirando para acá se me va a calentar la papaya!
— ¿Qué me puede decir del honorabilísimo presidente Batista y su familia?
—Bien, le diré que de su familia, Mirtica es la consentida y Batista rechaza a Elisa ¡Que es de armas tomar! Lleva con ella desde que era soldado y hacía posta en la residencia del presidente Zayas, que le puso el apodo de "sargento polilla". Después se fueron a vivir a un apartamentito por la esquina

de Toyo. Lo sé porque un amigo mío era alumno de él cuando enseñaba taquigrafía en una escuelita en Lealtad y Reina. Elisa lavaba ropa como una mula, por eso el chino Kuchilán jode a Batista con eso de *él iza la bandera*. ¡No sabes cuánto palmacristi le va a dar la gente del SIM, ya el Comandante Miguelón me lo dijo. Pero...calladito. Elisa está en baja, ahora la roba cámara es una jovencita de buen trasero, llamada Martica. Tiene loco a Batista. La cosa pinta fea…

Tras conversar sobre temas baladíes seguidamente pasaron a abordar el negocio que lo había llevado a reunirse con Don Pedrito. Se trató el mantenimiento del suministro de minerales estratégicos al *Reich* a cambio de una fuerte suma de dinero. La operación se llevaría a cabo con la ayuda de los ex cabecillas militares Ángel Aurelio y Eleuterio Pedraza, recién destituidos por Batista de los mandos de la Marina de Guerra y del Ejército Constitucional, bajo la acusación de conspirar contra los poderes del Estado.

—"Atención, el bujarrón de Pedraza exige la mayor discreción y puntualidad en el pago ¡Ese es una fiera que goza con la sangre como Drácula! Con él, hasta Batista tuvo que volver a ponerse el jacket. Así que el muerto palante y la gritería atrás. ¡Billetes, contante y sonante!" «Señaló enfáticamente Don Pedrito».

A la mañana siguiente, Herr Degan se dirigió a la reunión convenida, a bordo del vapor *Condado*, surto en el puerto habanero. En ella participarían el representante, Don Pedrito, Eleuterio Pedraza y un oficial del buque.

En un compartimiento los cuatro hombres se sentaron a la mesa para negociar la carga de nitrato que a los alemanes les interesaba adquirir, pese al repudio del pueblo cubano por la carrera armamentista de los nazis. Luego de un breve preámbulo, el oficial del vapor fue directo al tema, preguntándole a Herr Degan:

—¿Trajo usted el cheque, por favor?
—Por supuesto, soy un hombre de palabra, para mí lo prometido es deuda. Lo más importante es que, contra viento y marea, salga el embarque de nitrato en su barco «manifestó con firmeza al oficial del mercante».
—Esto nos puede traer gran jodedera, caballeros «intervino Don Pedrito», los comunistas del muelle ya regaron la voz entre su claque, quienes se están preparando para armar una de sus tánganas. Me han dicho que están organizando una manifestación con un grupo numeroso de putas viejas, listas para escandalizar frente a Palacio y exigirle a Batista que impida el embarque.
—El Condado zarpará, aunque se junten las once mil vírgenes para protestar. Delo por hecho «afirmó coléricamente Eleuterio Pedraza».
—Alemania necesita nitrato para fortalecer su ofensiva contra los bolcheviques. ¡No pueden imaginar ustedes el bien que le estamos haciendo a la Humanidad! ¡Stalin es peor que la peste! Miren lo lejos que estamos de la URSS y desde el año 1925 empezaron a colocar sus peones en Cuba «afirmó Herr Degan».
—No nos hemos mantenido ajenos a lo que usted dice. Gracias a Machado y después a Batista, se ha podido cortar las alas a los principales comunistas. Son sencillamente afocantes «afirmó Don Pedrito» con una mueca de afeminamiento.
—No crea usted, Don Pedro «le dijo Herr Degan» haciendo un gesto con la mano. Aún le quedan aquí agentes de Moscú muy peligrosos, que deberían ser exterminados, entre ellos, el ruso Grobart y Blás Roca, que son los más peligrosos.
—Bueno, para algo tenemos a nuestro buen amigo Pedraza, que tiene bien puestos los cojones. Este hombre va a empezar a cortar cabezas tan pronto le den un chance. Y a

esa hora «enfatizó Don Pedrito, batiendo la mano», todos vamos a brindar e irnos de rumba. Solo es cuestión de tiempo, hasta que acabe la guerra. Ahora, hay que aprovecharlos así como están, al descubierto.

Mientras se debatía el embarque de nitrato a bordo del carguero, en el palacio presidencial, el ministro Arístides Sosa de Quesada bebía una tacita de café aguardando a Batista, que apareció en el despacho impecablemente trajeado de blanco dril cien y con su inveterada sonrisa a flor de labios.
—Buenos días, mi querido Quesadita ¿Qué le trae tan temprano por está, su casa? «Expresó efusivamente a su secretario de Defensa».
Después de darle un fuerte apretón de manos, el ministro le expresó su inquietud por la manifestación que se preparaba con más de doscientas mujeres solariegas, en protesta por el embarque de nitrato hacia Alemania.
—Quesadita, no te das cuenta de que se trata de un golpe de efecto orquestado por los bolcheviques.
—Pienso que no sería aconsejable recibir una andanada de críticas de los periodistas chantajistas que nos rodean para aprovecharse del espectáculo «manifestó el titular Sosa de Quesada».
—Exacto, precisamente eso es lo que persiguen: jugar un rol protagónico.
Acariciándose el mentón, como para conciliar las ideas, Batista le respondió a su ministro:
—Amigo, los muchachos del Servicio Secreto ya me tenían al tanto del asunto. Sabemos muy bien quiénes están detrás de todo esto. Estas putas viejas, además de dedicarse a buscar marido, no tienen más nada que hacer, y siempre bajo el telón se buscan unos pesitos con sus alborotos. ¡Los comunistas saben muy bien cómo utilizarlas! Esto es obra

de ellos, que no pueden vivir sin joder. Cuando no es una cosa es la otra. ¡Palo porque boga, y palo porque no boga! Los que empezaron a organizar a esas señoras fueron Blas Roca, Lázaro Peña, y Menelao Mora. ¡Los muy cabrones, no pierden chance para ganarse puntos! «Expresó con su vozarrón».

Una vez que se retiró su ministro, Batista llamó al Capitán Antonio Torrá para ordenarle:

—Movilízame a los muchachos, salgo para Columbia; y dígale a la Primera Dama y a Mirtica que vayan también para allá. «Mientras se alisaba los cabellos frente al enorme espejo del despacho», se dijo para sí: "No voy a estar aquí para aguantarle la gritería a esa chusma muerta de hambre".

Capítulo 10

Luego de un viaje agotador, el *Hauptmanführer* de las *SS* Iroel Meyer aquella noche bajó del tren en la estación de ferrocarriles de Gibara y con la ayuda de un mozo, subió las maletas y el cajón con instrumentos de medición, a un coche tirado por caballos que lo llevó al hotelito del pueblo, donde ocupó una habitación con vista al paisaje marino de la *Villa Blanca*, como le llamaban al pueblo desde época colonial.

Al día siguiente el espía nazi se dedicó a explorar el pueblo y, por recomendación expresa del carpetero del hotel, trazó un itinerario que comprendía la visita a las ruinas del fortín español *Fernando VII*, del Siglo XIX. Después se encaminó al cementerio para visitar el famoso panteón dedicado a Ignacia Nates, símbolo emblemático del amor eterno entre los pobladores de Gibara. Mientras contemplaba la *Copa del Amor* que adornaba el panteón, Meyer entabló conversación con el viejo enterrador de la comarca que descansaba reclinado junto a una tumba.

"¿Lleva mucho tiempo viviendo en este pueblo?" «Preguntó con curiosidad al sepulturero».

La pregunta despertó la locuacidad del anciano, quien comenzó a rememorar los eventos más relevantes de su vida en el pueblo. Sus palabras denotaban a un conocedor de habitantes y parajes de Gibara, en cuyos montes se había desarrollado parte de su vida.

Su conocimiento del terreno convenía a los objetivos de Meyer, que tenía como misión montar con elementos de la zona el santuario para los U-boats que operarían en el Golfo de México y el Caribe.

—Pues yo precisamente ando en busca de algunos hombres que vivan cerca de la costa y la conozcan bien, de tal manera que pueda llevar a cabo una exploración en busca de reliquias indias. Se dice, son muy abundantes por aquí. Nosotros los arqueólogos somos así, dedicados afanosamente en buscar objetos aborígenes, huesos, instrumentos. Usted me entiende, señor «dijo con aire de científico».

—Yo conozco precisamente a la gente que usted anda buscando. Viva seguro de que son los que más conocen esta región. Además, gente honesta y servicial. Sí, señor «afirmó el enterrador».

—Yo le doy a usted cinco pesos si mañana me acompaña a verlos «le aseguró Meyer».

—Señor, yo por cinco pesos soy capaz de llevarlo a cuestas hasta donde está su caserío.

Antes de las ocho de la mañana el sepulturero se sentó a la puerta del hotel en espera del extranjero, que minutos después salía con un portafolio en la mano en dirección al parque central de Gibara. Allí alquilaron un jeep que tomó por un abrupto terraplén rumbo a la ranchería de los carboneros.

Al borde del camino los saludaban con curiosidad grupos de chiquillos semidesnudos que parecían formar parte del paisaje agreste. El vehículo iba dando saltos por el tortuoso terraplén, levantando una polvareda que se adhería a la camisa teñida por el sudor de Meyer. Avanzaron monte adentro por espacio de una hora, hasta llegar donde un grupo de campesinos completamente tiznados por un carbón recién horneado. Uno de ellos, cubierto con un raído sombrero de guano y con un pañuelo de color indefinido anudado al cuello, fue al encuentro de los visitantes y reconoció al viejo sepulturero, que se apresuró a exponerle el motivo de la visita.

—Yo soy Rolo Peñalver pa' lo que mande. Es un placer tenerlo por acá. Aquí, además de amigos, va a encontrar un tizne tan hospitalario como nosotros; pero así es el carbón de cariñoso «dijo sonriente el carbonero».

—El gusto es mío, señor Peñalver. Soy Ernest Segeth, arqueólogo norteamericano «respondió utilizando el nombre de guerra con que encubriría su identidad», mientras durara la misión en tierra gibareña.

Conversando bajo la sombra de una ceiba, Meyer le explicó al campesino que tenía interés en permanecer algún tiempo en la región, con el fin de realizar excavaciones en busca de restos arqueológicos precolombinos. Para justificar de manera convincente su interés en establecerse allí, argumentó que la zona era bastante virgen, muy rica en enterramientos, joyas y objetos funerarios aborígenes. Por ese motivo, necesitaría también un hombre de confianza que, ayudado por varios peones, le sirviera de práctico, ya que vendrían otros extranjeros a unírsele en la búsqueda de esas reliquias.

Rolo escuchó con gran atención los argumentos del curioso extranjero. No se decidía a aceptar servirle como ayudante, pues le parecía riesgoso dejar de producir carbón, que era lo que había hecho toda su vida, finalmente cambió de parecer al escuchar la oferta de diez pesos diarios, casi una fortuna en aquella época. Semejante suma no era cosa de desestimar por seguir tiznado de pies a cabeza; y su sonrisa que la ofreció al principio se hizo más evidente. Sin embargo, aquello de alojarlo en su bohío le enredó el entendimiento. Su humilde morada carecía de las condiciones más elementales. El agente alemán, percatándose de lo mismo, aumentó en tres pesos su oferta inicial por el alojamiento y comida, poderoso motivo para hacerle cambiar de opinión.

—¡Allá usted si quiere pasar más trabajo que un forro de catre con chinches! Por mi parte no hay más que hablar, sea usted bienvenido a mi hogar «enfatizó el fornido campesino».

A la hora de los gallos a la mañana siguiente, Ernest Segeth llegó en el mismo jeep con sus maletas y la caja de madera cargada de instrumentos. Había dejado paga la habitación en el hotel a fin de utilizarla los fines de semana, tomaría su descanso en el centro del pueblo.

Cuando se apearon del jeep a la entrada del bohío salió a recibirlos una recua de muchachos. A la puerta de la estancia, vestidas de domingo, estaban Purificación Ceijas, la mujer de Rolo, y Marisela Peñalver, su hija mayor, que por lo moruno de la tez y los cabellos lacios y oscuros como la noche, era cariñosamente apodada la Prieta, quien con tímida curiosidad repasó de pies a cabeza al inesperado huésped.

El interior del cobijo techado de guano era bastante fresco. Frente a la cocina, que exponía una mugrienta cacharrería, había una mesa y unos cuantos taburetes de cuero. La accesoria contaba además con un espacio donde dormían Rolo y su mujer y en el otro se acomodaban los muchachos junto a Marisela. A un costado, de lo que servía de comedor, se habilitó para el imprevisto visitante un catre y una suerte de armario notablemente desvencijado. Afuera, junto a una tendedera con abundante ropa bañada por el sol, estaba el excusado; cerca de allí, un lugar para bañarse, provisto de una cortina de yute y una lata de aceite vacía para echarse el agua del pozo. En un cenagal lleno de sobras se revolcaban varios cerdos, arsenal alimenticio de la familia junto con los pollos y guanajos que se dispersaban en el terreno y se disputaban las migajas de pan.
En el silencio del anochecer Purificación Ceijas sirvió la comida a la luz de los mecheros. Para la ocasión habían sacrificado tres pollos que fueron servidos con arroz moro y abundantes plátanos guineos. No era precisamente la comida del hotel, si bien no sazonada, saciaba por lo menos el voraz apetito de los hombres.

—La gente de por acá se va a quedar muy sorprendidos, porque se ven muy pocos extraños por estos lugares «comentó Rolo Peñalver», después de la comida. Aquí los que más se asoman son los Testigos de Jehová que vienen a traer la palabra de Dios, y otras veces el sargento Veitía, de la Guardia Rural, que de vez en cuando da un recorrido, pero ya se puede imaginar a lo que vienen los muy cabrones, a buscar animales y viandas.

—Pero al menos velan por el orden en la zona «apuntó el nazi».

—Se ve que usted no es cubano. El orden a que usted se refiere es cuando dan sin cuartel plan de machete. Años atrás esto se puso malo de verdad, fue en la etapa en que desembarcó Emilio Laurent con una expedición para luchar contra Machado... ¡Había que ver cómo la Guardia Rural daba de planazos en el lomo y patá por culo, además de llevarse de las fincas todo lo que Dios crió! «Afirmó el carbonero», para agregar: otra grande fue cuando mi padre tuvo que largarse de Gibara, era tabaquero y en una huelga del sector se le ocurrió izar una bandera roja en la Sociedad, pa' que contarle, lo trajeron hinchado como un sapo con sal de tanto golpe que le dio el jefe de puesto. Después de eso tuvimos que mudarnos para esta zona, y desde chiquillo me vi en la necesidad de hacer carbón. Yo estoy seguro que en su país eso no pasa. Los americanos son poderosos ¿Es así, ingeniero?

—Lleva usted razón, señor Peñalver. Yo soy de un país en que se respetan mucho los derechos humanos «respondió cínicamente el oficial nazi» evocando los pogromos judíos.

—Aquí nos conoce toda Gibara «comenzó a narrar el carbonero», porque vendemos carbón del bueno. ¡Es un trabajo muy duro; pero muy mal pagado! La leña la traemos de los alrededores, siempre producto de raíces y palos muertos. Introducimos los mismos dentro del horno en posición vertical y los sellamos con un barro que cargamos directamente desde la costa. Y nos sale bueno porque conseguimos que no se nos queme adentro, solo que se cocine. Así hay que pasar par de días, señor, echándole agua al horno por arriba. Esa es la vida de los hombres de esta tierra. Año tras año la vengo viviendo para darle de comer a la familia.

En cuanto se apagaron los mecheros y comenzó a dispersarse el humo, el bohío fue invadido por los mosquitos. Entre el cantar de las chicharras y el batir del viento, el agente nazi trató de conciliar el sueño, desterrando los episodios vividos durante el día. Mientras entretejía imágenes vio proyectarse a la luz de una vela la silueta de Marisela, que alzaba los brazos para ponerse el camisón de dormir. Sus senos erectos se dibujaban en las tablas del bohío. Para aplacar los fogosos pensamientos que lo asaltaron, se dedicó a divagar sobre la mejor manera de liquidar, llegado el caso, a Rolo y su cuadrilla... Cuando empezara el griterío de las guajiras él estaría a cientos de kilómetros de Gibara... Dando un par de vueltas en el catre, quedó dormido profundamente.

Al rayar el sol, Segeth estaba frente a los hombres que pudo conseguir Rolo, quien los presentó festivamente como los mejores burros de la zona. El supuesto arqueólogo les explicó en detalle cómo sería el trabajo, conviniendo el jornal que recibirían por la faena. Sin precisar más detalles, pusieron manos a la obra, avanzando hacia la costa en busca de un canalizo favorable.

Habían transcurrido quince días desde el inicio de las señalizaciones en el canal improvisado para los submarinos nazis, una intensa faena que no podían comprender ni Rolo ni sus peones. Sin embargo, el trabajo se había cumplido en el tiempo programado. Lo único que le quedaba a Segeth era esperar por la llegada de los U-boats. Aquella noche, con un frío húmedo que calaba los huesos, el espía salió hacia la costa provisto de un bolso de manos donde llevaba una poderosa linterna, un termo con café y un par de panes con tasajo que le había encargado a Purificación Ceijas.

— ¿Quiere que le acompañe, amigo? Mire que hay mucho güije en el monte «lo atajó el carbonero a la puerta del bohío», asombrado de su inexplicable salida.

— ¡Ni se le ocurra! Esos fantasmas me tienen aprecio, siempre que me vean solo «le respondió riendo al campesino».

Antes del amanecer el nazi había alcanzado una playita apartada situada entre dos riscos y empezó a hacer con la linterna señales repetidas de luces cortas y largas. No

habían pasado treinta minutos cuando divisó destellos iguales desde el mar. El oficial de las *SS* aguardó hasta el alba, en que vio acercarse un bote de goma tripulado por tres hombres. Un joven marino que ostentaba en la camisa charreteras de tres franjas anchas y una estrella, desembarcó del bote de goma y saludó marcialmente al oficial Meyer.
— ¡*Heil Hitler*! Soy el Korvettenkapitän, Henke del U-boat 161 y represento a los capitanes de las unidades: Georg Staats, Asmus Nicolai Clausen, Wolf Henne, y Reinier Dierksen.
— ¡Heil Hitler!, Iroel Meyer, *Hauptmanführer SS* «le respondió el nazi al gallardo marino».
—Este es un lugar absolutamente seguro, Capitán Henke, a los campesinos que he reclutado les diré que ustedes son los miembros del equipo científico que vienen a incorporarse a la búsqueda de restos arqueológicos; y les ordenaré que no pueden bajo ningún concepto pasar hacia dentro del canalizo donde deben varar sus embarcaciones.
—Esas bestias son lo que menos me preocupa. Una vez que dejen de ser útiles los pondré junto a los restos de fósiles que hablamos «manifestó drásticamente el jefe de la flotilla submarina» con una sonrisa siniestra.
Al mediodía, los U-boats 129, 508, 161, 157 y 176 ya habían recalado el canalizo, dejando a flor de agua solo las torretas camufladas con grandes mallas verde olivo. A poca distancia de las naves, varios tripulantes hacían posta permanente para impedir el paso de cualquier merodeador que se aventurase a andar por el paraje. Rolo Peñalver fue informado de la llegada del resto de los arqueólogos, gente extravagante y de pocos amigos. El ingeniero Segeth le advirtió que acercarse a la zona donde operaban conllevaría para él y sus hombres la pérdida inmediata del contrato y la paga. Si acataba sus orientaciones recibirían una suma considerable de dinero al final del trabajo.

El júbilo se hizo sentir entre los campesinos contratados cuando el ingeniero les anunció tres pesos más de salario. Para los carboneros, el trabajo del norteamericano no era excavador de huecos, sino oficiante de santo, por lo que no había oportunidad mejor que esa para que Rolo Peñalver celebrara sus cincuenta años con una merecida fiesta. Había que armar un guateque y anunciarlo a todo el mundo.
—Hoy es un día especial «dijo Meyer a Epifanio», uno de los burros de Rolo, para pedirle su ayuda. Antes de encontrarme con mis colegas "abre huecos", como en burla les llama, te traje para que me ayudes con todas estas mercancías. Aquí en las mulas llevo langostas, camarones, cangrejos moros y buen pescado, y una buena cantidad de bebida, porque le serviré de cocinero a mis amigos... Y por cierto, me sentiré muy contento si se une usted con nosotros a la comelata «dijo el ingeniero Segeth» mientras cabalgaban hacia la recalada donde se encontraban los submarinos.
Visiblemente emocionado por la deferencia de su patrón, Epifanio no sabía cómo expresar su agradecimiento.
—Hace varios días yo vi los barcos de sus compañeros... Parecen caimanes con la mitad bajo el agua. Y unos cañones grandes, como los que tiene la Marina de Guerra de por acá «comentó asombrado el guajiro».
Meyer había escogido a Epifanio porque los demás campesinos le advertían continuamente que hiciera caso al patrón y fuera más discreto, que no anduviera pregonando en la cantina, cada vez que se daba unos tragos, que un americano le pagaba para buscar tesoros indios en unos barcos que había visto desde lejos, igualiticos a caimanes, pues lo mismo andaban por arriba que por debajo del agua. Eso lo había dicho incluso delante de uno de la Guardia Rural, que comentó: "¡Ahora sí que Epifanio se volvió loco, está rodeado por submarinos!" La responsabilidad ante la seguridad de los hombres de la *Kriegsmarine* no podía

arriesgarse por un borracho irresponsable, consideró Iroel Meyer. No quedaba otra alternativa que eliminarlo.

Antes del ocaso, Meyer llegó junto con Epifanio al santuario de los U-boats nazis. Alelado, el guajiro repasaba con la vista a los marinos que andaban por la cubierta de los submarinos artillados con cañones y ametralladoras, bajo el pabellón de la swástica nazi. Botellas de bebidas, quesos, embutidos, mariscos y otras golosinas fueron descargadas con premura por los tripulantes entusiasmados, que trasladaban los preparativos del festín para mitigar la añoranza de los largos meses sumergidos en las profundidades del mar.

— ¿Qué hace este bastardo en mi nave? «Preguntó enojado» el Capitán Henke al oficial Meyer, que había llevado al campesino hasta la misma cubierta.

—No se preocupe, Kapitän, este hombre es una suerte de anormal «respondió sonriendo».

—Pues no lo noto sordomudo, oficial. Acabo de escucharle conversando con usted.

— ¡Ah, es porque lo será antes de volver a su casa! «le respondió al Capitán Henke», al tiempo que hacía un gesto siniestro, pasándose un dedo por la garganta.

A las 17:00 horas, toda la oficialidad de la escuadrilla concurrió al U-129, donde fueron recibidos personalmente con sonrisas y estrechones de manos por el capitán Ludwig Henke, quien para la ocasión llevaba uniforme de gala y ostentaba en su saco la orden de la Cruz de Hierro, de Primera Categoría. En tanto, el guajiro Epifanio bufando de ira era esposado en la barandilla junto al cañón de proa.

Para la oficialidad de la flotilla constituía un gran honor tener a bordo a Iroel Meyer, un oficial de la *Schutzstaffel Calaveras Negras*, sobre todo por la reputación que habían alcanzado los operativos conjuntos de la *Kriegsmarine* y la GESTAPO.

Emocionado, el joven Comandante de la flotilla pronunció unas emotivas palabras a sus compañeros de armas, alzando sus copas para brindar por el Führer y el rotundo triunfo de Alemania.

—Nadie podrá detener nuestra obra, aunque perezcamos en el fondo de los mares «declaró orgulloso el Comandante nazi» antes de disfrutar los deliciosos manjares.

Las risotadas de los tripulantes cesaron en cuanto comenzaron a desfilar los platos de la suculenta cena. De sobremesa, se desarrolló una conversación logística sobre lo estratégica que resultaba la cayería de la zona, con sus extensas lagunas cerradas por franjas coralinas. El canalizo de Baliza Vieja, estrecho y tortuoso, rodeado de mangles y con poca visibilidad, constituía un lugar idóneo para montar otro techo para los sumergibles. Solo Cayo Francés podía constituir un peligro, debido al puesto cercano de la Marina de Guerra cubana, que de verlos de inmediato informaría a la Navy de Guantánamo.

—En Nuevitas tenemos un punto de apoyo, «intervino Iroel Meyer», e identificó la rama de la *Auslandsorganisation* al referirse a Palm City. Es una comunidad alemana que está a sólo ocho kilómetros de la bahía. Los compatriotas que viven allá la han convertido en un poblado muy próspero, era de esperar de los alemanes. Ya tienen escuelas, iglesia, comercios; incluso, han erigido un parque, calles ornamentadas con almendros, flamboyanes y hasta una torre con un reloj.

—Le tenemos una sorpresa, *Hauptmanführer* Meyer. Le invitamos tan pronto amanezca a que nos acompañe en un recorrido por esta cayería. Los demás U-boats permanecerán recibiendo mantenimiento. Será un placer tener su compañía a bordo «dijo el capitán Henke» antes de terminar el festejo.

Con unos tragos de más llegó Iroel Meyer al camarote de oficiales que le habían preparado, y se acostó desnudo para gozar de la climatización que ambientaba el estrecho compartimiento, imaginando que en un lugar como ese sería un festín gozar de las tibias carnes de la prieta Marisela. Unos discretos toques a la puerta lo sacaron de sus ensoñaciones eróticas, se trataba de un guardiamarina que le llevaba como cortesía una taza de té para facilitarle la digestión. Desde que el oficial de la GESTAPO subiera a bordo, el amable *Fahnrich zur See* había sido tódo halagos para él. Carilampiño, de cabellos blondos y ojos azules, su porte le había inspirado a Meyer numerosos elogios, como el de que se encontraba en presencia de un modelo perfecto de la raza aria, etcétera.

Sin vestirse para recibirlo, tan pronto el joven entró con la bandeja Iroel Meyer cerró la puerta con seguro mientras le servía la infusión, sin mediar palabras lo tomó por un brazo, lo sentó junto a él en la litera y comenzó a bajarle las bermudas. Sorprendido por el inesperado sexo oral, el cadete no se atrevió a resistirse, consciente de que una protesta o menosprecio a un alto oficial de la GESTAPO implicaría un riesgo peligroso. Pronto, el "pura sangre" se vio acostado boca abajo, sintiendo el falo tumescente de la raza alemana. Fue una relación de gemidos, sin palabras, una relación casi tradicional *SS*.

Con el clarear matutino el capitán del U-boat ordenó navegar a media máquina y subió a la torreta acompañado de su primer oficial e Iroel Meyer, mientras el guajiro aterrorizado gritaba desaforado y hacía titánicos esfuerzos por zafarse de las esposas, en tanto que la proa enfilaba la salida del canalizo para recorrer el litoral camagüeyano

Una vez que se alejaron de la costa el Capitán Henke ordenó "profundidad de periscopio y a media máquina" y todos se aprestaron a bajar al puesto de mando, indiferentes al campesino agonizante.

—Desde que yo era pequeño mi padre me obligaba a alimentar a los pececitos tropicales que criaba y no he podido desterrar de mi vida ese hábito. Le enseñaré con qué amor y cuidado mantengo una hermosa pecera en mi camarote «le comentó el capitán del U-161» al SS Meyer mientras bajaba por la escalerilla.

Navegando hacia el oeste la nave cruzó las bahías de Puerto Padre, Malagueta y Manatí, hasta la altura de Nuevitas, frente a Punta de Maternillo, por el faro de Colón, donde se alzaban entre las aguas tres islotes que, vistos desde la ciudad, parecían enormes ballenatos.

Cuando el submarino emergió de nuevo, los hombres volvieron a la torreta para disfrutar con ayuda de los binoculares la belleza del paisaje, mientras que una pareja de marinos liberaba de las esposas el cadáver del campesino y lo arrojaba al mar, completamente hinchado y amputado por las feroces mordidas de tiburones, al tanto que una bandada de flamencos volaba sobre la nave que seguía el rumbo por los cayos de refulgente verdor, refugio de una variada especie de antílopes, cerdos, caballos, reses, venados y perros salvajes que ladraban entre sí disputándose a una hembra en celo.

De retorno al santuario, el radar del U-boat detectó una embarcación pequeña que se movía con gran velocidad. El capitán Henke tomó los catalejos y divisó un yate con el nombre de Pilar en su proa.

—Por ahí va el títere Hemingway con su ametralladora en la proa. Y por lo que veo va acompañado de la puta de cabellos rubios «comentó irónicamente».

—Esa es la actriz Jane Mason, con toda seguridad anda buscando a nuestros U-boats para hundirlos «señaló Iroel

Meyer», provocando la risa de los hombres que estaban en la torreta.

Finalmente, la misión de oficial de Meyer concluyó. Una vez más había sido útil al Führer. Liquidar o no a Rolo y a sus famosos burros sería decisión del Comandante de la *Kriegsmarine* abrigado en la improvisada base. Para el hombre de la GESTAPO había llegado la hora de abandonar aquellos inhóspitos parajes, librándose de los mosquitos, jejenes y cuantas alimañas le habían hecho compañía por varias semanas. Ni un sancocho más de Purificación Ceijas, ni aguantar más la cochiquera cuyo hedor se acrecentaba en las noches. Lo único que valía la pena en ese sitio era Marisela, la Prieta, tal vez antes de volver a La Habana le desgarraría el himen, consideraba Meyer y se relamía de gusto con la idea, como aquella mañana en que se le unió por el potrero y no pudo dejar de sonrojarse con malicia cuando vio al alazán del vecino encaramarse sobre una recelosa jaca.

Capítulo 11

Ese sábado, Meyer cenó en el restaurante del hotel donde solía pernoctar los fines de semana. Después, tenía pensado asistir al Teatro Colonial de Nuevitas, donde esa noche anunciaban un recital del compositor Ignacio Villa, conocido familiarmente como Bola de Nieve. Y comentaba lo mismo con el carpetero, quien siempre se refería orgulloso del teatro pueblerino, en el que incluso juraba haber visto en un ensayo danzar desnuda a la bailarina

Isadora Duncan; cuando de pronto Iroel Meyer se sorprendió al ver a Marisela entrar al hotel.
— ¿Y usted qué hace por aquí? «Le preguntó asombrado».
—Nada, que me están usando de recadera. Mi padre le manda a decir que se sentiría muy complacido si puede ir mañana al mediodía a recoger sus cosas, en vez de ir a despedirse el lunes como usted había quedado. Lo que ocurre es que le quieren dar toda una despedida en el caserío con un jolgorio y un macho asado en puya. Así también aprovechar para festejar los cincuenta años de mi padre.
—Si, por supuesto. Dígale que cuente conmigo. Usted no se me va a regresar a estas horas por esos montes, y menos de noche.
—No...Yo me voy a quedar en la casa de mi madrina. Ni amarrá yo parto de nuevo a estas santas horas por esos matorrales.
— ¡Perfecto! Porque me voy a poner muy bravo si no acepta mi invitación para cenar ahora conmigo en el restaurante.
Algo reticente, la muchacha terminó por aceptar con disimulado entusiasmo la invitación. Meyer procuró que la cena fuese por todo lo alto, con una botella del mejor vino que guardaba el hotel. Entre risas y copas, el alcohol empezó a hacer efecto en la chiquilla, que, sin saber cómo ni por qué tipo de embeleso, terminó desnuda con su olor a monte sobre la cama.
Antes de ser desflorada por Meyer, la prieta trancó fuertemente los mulos y con una expresión severa le espetó una condición:
—Espérate, para aclararte bien el entendimiento. ¡Prométeme antes como hombre que después te casarás conmigo...!

El alemán consintió cínicamente con un gesto afirmativo de la cabeza, quizás para que la resistencia condicionada evocara la cogida del vigoroso alazán a la jaca recelosa.

Al mediodía, el alemán llegó al caserío junto con Marisela Ya en las latas hervía la yuca; y en grandes cacerolas el congrí, como guarnición del enorme macho asado, aderezado con toques de lima y limón, al que los carboneros Constantino García y Amado Romero daban vueltas en la puya sobre carbones ardientes. La mujer de Epifanio y sus hijos irrumpieron en el jolgorio tras recorrer los caminos inquiriendo por el mismo. Era inexplicable que llevara tantos días desaparecido «se preguntaban», tratando de consolarlos los vecinos alegando que lo más probable era que estuviese pasando en el pueblo una de sus acostumbradas borracheras.

Los primeros en llegar al guateque fueron Alfredo y su hermano José Antonio Riverón, acompañado de su mujer, Olga Rojas. Más tarde llegaron los otros burros de Rolo, vecinos de los caseríos de Cañadón y de Berros.

Rolo Peñalver vestía de guayabera blanca, pantalón caqui, botas color avellana y sombrero de guano con cinta negra en la copa. Para sorpresa de todos, Marisela salió del bohío luciendo un primoroso vestido que el alemán temprano en la mañana le había comprado en Gibara.

A las dos de la tarde el ron empezó a entonar los ánimos y, tras el suculento almuerzo bajo una frondosa ceiba, todos se agruparon para despedir al supuesto americano que tanto beneficio había llevado a la sitiería.

—Yo voy a arrancarme del alma toda la imaginación para hacerle una tarde bien feliz a nuestro amigo el ingeniero ¡Y ojalá que la gitana no quiera venir a aguarnos la fiesta! «Dijo el carbonero» mirando hacia los nubarrones negros que se cernían en el cielo. Así que las mujeres bellísimas y

elegantes me van a hacer coro cuando comience a cantar para tupirles a todos el tronco de las orejas.
Y entre chistes comenzó a contar jocosamente su vida:
"—Yo nací a los siete años; y creo que desde esa fecha me criaron con carbón. Durante todo ese tiempo, cada vez que venía alguien a este caserío era para llevarse algo. ¡Nunca para darnos nada! Por eso, como yo, todos los de aquí éramos cerreros con los desconocidos. O nos quitaban a la mujer, a la hija, o a una vaca, o una chiva. Así que al ver que el señor americano era hombre bien cabal todos empujamos por ayudarle en el trabajo que vino a hacer aquí para estudiar los restos de los indios, que pienso también hacían carbón por aquí. Aquellos indios sí que vivían felices Ahoritica se nos vuelve el hombre para La Habana y después para Estados Unidos, y a nosotros nos regresa la miseria. Esa se queda, esa no se va; pero al menos se queda la amistad. Así que no vamos a asustarnos por eso, porque si de algo he vivido convencido es de que al que nace para yugo, del cielo le cae el buey.
Rolo amenizó la sobremesa con numerosas guarachas, haciendo reír a todos con su interpretación de "El Paralítico", hasta que uno de sus burros le pidió sonriente:
"Rolo, dinos alguna décima"
–¿A qué ustedes le llaman décima? «Preguntó con curiosidad el alemán».

"La décima, es como un río,
es un jardín que florece,
un columpio que se mece
en las puertas de un bohío.
Es el fértil sembradío,
la pradera en su verdor,
el arroyo en surtidor,
los diez trinos de un sinsonte

*cuando canta desde el monte
a los jardines en flor."*

Después del sonado aplauso de los presentes, otro de los burros pidió:
—Rolo, cuéntanos qué te pasó con el toro fiero.
—No me hagas recordar aquello, muchacho.
Sentado a horcajadas en un taburete comenzó a relatar:

"—Recuerdo que entré en el bar a pasar la tarde aquella, y llevé más de una botella en el cuerpo hacia el hogar. ¡Qué manera de tomar! Yo estaba más que beodo. Doble lo veía todo y he llegado a comprender que el hombre puede beber, pero nunca de ese modo. Cuando atravesé el potrero para adelantar camino, dos toros de color vino venían de un modo fiero. Corrí dejando el sombrero al pie de una matojera, pero sin que yo supiera cómo era en realidad; un toro era de verdad; pero el otro no lo era. Ya llegando casi a gatas a mi salvación descubrí porque a mi frente veía el auxilio de dos matas. Aligerando mis patas pude hacer una carrera, pero sin que yo pudiera escapar en realidad. Una mata era de verdad; pero la otra no lo era. Y aquí me tiene doctor. De milagro aquí he llegado. Creo que estoy reventado, lo digo por el dolor. Pero, dígame señor ¿Qué le ocurrió en la carrera? Ah, doctor, si usted supiera. De las dos matas que vi, en la que no era, subí, y me cogió el toro fiero."

El desenfado con que el guajiro narró aquellas ocurrencias hizo prorrumpir en carcajadas a los convidados. La única que no podía ocultar su tristeza era la Prieta, quien no dejaba de posar su mirada en su primer hombre. Su semblante dio lugar a que unas vecinas le corearan con burla a Purificación Ceijas la estrofa ponzoñosa de: *"Doña Joaquina, ponte en vela, que la yegua se te va..."*

Con la promesa de escribirle y volver pronto por aquellas tierras, el "abre huecos", como bautizaron al presunto americano, dijo adiós a Marisela. Cuando lo acompañó hasta la entrada del camino, no pudo contener el llanto. Sin comentarios, todos comprendieron lo que el *bondadoso* forastero había llegado a significar para la muchacha.

En el ómnibus Santiago Habana, el oficial *SS* comenzó a rememorar el tiempo vivido con Rolo y sus burros, y con qué intensidad se le había entregado su hija. "Cuando llegue a La Habana transmitiré al comandante Henke que puede liquidar a todos los que considere necesario; pero no al carbonero Rolo, no quiero que mi conciencia me acuse de asesino" «se dijo para sí».

Capítulo 12

Meilín Si Fen salió a la cubierta del vapor *El Pinero* para disfrutar de los borrascosos ventarrones, tan intempestivos como su carácter. Azotaban a la nave moviéndola sobre las olas como a un viejo paquidermo. El antiguo ferry hacía diariamente la fatigante travesía entre Surgidero de Batabanó y el muelle de Gerona, los viajeros aburridos e impacientes no tenían otro refugio que la lectura o las meriendas frecuentes. Desde la baranda del vapor, Meilín Sin Fen inspiró profundamente el aire que soplaba del norte. Se sentía satisfecha por las felicitaciones recibidas del alto mando por la labor silenciosa que venía realizando en pro de China. La nueva misión «hacerse pasar por la agente Kimiko Takada, de la Nikonjunkai Hei» era una de las más difíciles y riesgosas de su carrera como agente del Servicio de Inteligencia chino. Pero, logró suplantar a la espía japonesa por su notable parecido con ella.

Kimito Takada, destacada en Hawaii, había recibido instrucciones del general Seizo Arisue de trasladarse al recóndito poblado de pescadores de Júcaro, en la Isla de Pinos, y ponerse bajo las órdenes del comandante Junichiro-san, jefe de la estación japonesa de espionaje más importante en América. Los frecuentes amoríos de la Takada con oficiales de la Navy habían levantado sospechas en la Oficina Naval de Inteligencia, por lo que enterada la Inteligencia china se concibió utilizar a Meilin Sin Fen. Para ello, la agente japonesa fue secuestrada, y se le despojó de todas sus credenciales y documentos, que le entregaron posteriormente a Meilin con el fin de crear una "leyenda". Para el comandante Junichiro-san la presencia de una mujer en su red significaba una ayuda valiosa del general Arisue para realizar un trabajo más efectivo.

Cuando Meilin Sin Fen escuchó las campanadas del vapor anunciando el almuerzo ocupó una mesa del comedor junto a un hombre de manos callosas y rostro avejentado que denotaban el rudo oficio de toda una vida. Locuaz y anecdótico, el pasajero no demoró en entablar conversación con la reservada asiática

—Ya empezó a zarandearse el barquito, menos mal que nos quedan pocas horas de navegación. No parece usted pinera ¿Viene de visita a la isla?

—Sí, es la primera vez que la visito, voy a ver a unos familiares «respondió Meilin».

—Mi nombre es Ezequiel Martínez. Y perdone usted mi curiosidad; aunque usted es china habla muy bien el Español, cosa rara en los de su pueblo.

—No, yo no soy china, soy japonesa, de Yokohama. Mi padre era japonés; pero mi madre era filipina y aprendí de ella el español.

—Ah, únicamente así... Estoy seguro que le va a gustar la Isla. La gente viene por un tiempo y termina quedándose. A mí me pasó. Yo vine de Oriente a visitar también a unos parientes. Llegué con una mano alante y otra atrás y en unos años me hice de un potrero y terminé como dueño de La Cañada, uno de los mejores curadores de cuero de la región. ¡Eso sí, tuve que sudar mucha sangre! A esta islita le llaman la "isla de los mil nombres". Primero, la bautizó Colón como "La Evangelista", aunque los indios que la habitaban la llamaban Camaroca y Siguanea. Después, Diego Velázquez la nombró Santiago, y más adelante empezaron a llamarla la "Isla del Tesoro" Otros, por su abundante cantidad de pinos, la bautizaron con su nombre actual. Y por su abundancia en cotorras, otros le pusieron la "Isla de las Cotorras"; todavía le van a poner más nombres, ya verá.

—Ya he vivido muchos años, como este viejo barco, que lo construyeron en 1901. Y mi peor enfermedad aquí son los malditos jejenes y la insoportable mosquitera, a lo que nunca se acostumbra uno, porque tan pronto oscurece emergen como una nube. ¡No se sabe cuántos tanques de sangre me han sacado!... ¡Más que mosquitos parecen vampiros «apuntó el viejo con una sonrisa». Mi mujer dice que son peores que Castell, el jefe que tenía el Presidio Modelo cuando el machadato. Ese hombre asesinó a más de seiscientos presos y después les mandaba mensajes de condolencia a las viudas, notificándoles que se habían suicidado.

Meilín cuando desembarcó, tomó en los muelles un carricoche para que la llevara al hotelito *Isla de Pinos*, que el señor Martínez le había recomendado al despedirse de ella. El carruaje tomó por la calle Real, la principal arteria de la pequeña población, donde, a esas horas de la mañana, ya estaban abiertos los establecimientos y las cantinas empezaban a poblarse de clientes similares a vaqueros, amarraban sus bestias frente a ellas. A ambos lados, una hilera de portales de baja techumbre de tejas, sin ningún tipo de adorno, era la traza urbana de Gerona. Al comienzo del bulevar, el Parque de las Cotorras, y al terminar la calle se erigía la parroquia. Rodeando a la ciudad, el lomerío con sus vetas de mármol resplandecientes por el sol.

El coche se detuvo ante el hotelito de dos plantas y techo de madera. Bajo el inclemente calor de la isla, la frescura que se sentía en los corredores del hospedaje invitaba a descansar, en los balancines algunos huéspedes se entretenían leyendo la prensa o repasando los comentarios pueblerinos.

Ante la curiosidad de huéspedes y empleados, la asiática se registró en la carpeta, un mozo sonriente tomó su equipaje y la condujo hasta una de las habitaciones que daba a la calle Cuartel. Discretamente, los ojos felinos de la china empezaron a escudriñar todo el hostal. Las escaleras al lado de la carpeta llevaban a las habitaciones del segundo piso, y al cruzar el pasillo se encontraba el lobby, en el resaltaba una hermosa chimenea donde colgaba un viejo reloj de pared. Al fondo, un pequeño bar, donde un dependiente se entretenía conversando con una pareja de enamorados mientras servía unos cócteles. Y en el centro, un amplio y fresco patio, con un pozo y un aviario donde unas cotorras volaban bulliciosas, engalanando con su verde presencia la jardinera en forma de fuente.

Luego de cenar frugalmente en el restaurante del hotel, Meilín volvió a su habitación, allí repasó la leyenda que utilizaría con Junichiro-san. Seguramente el jefe de la estación de espionaje japonesa le exigiría que fuera su mujer para cubrir las apariencias y pasar ante el poblado como un matrimonio de dekaseguis, que pretendía establecerse en el negocio de la pesca. Negarse a ello sería un insulto

imperdonable para el honor del oficial. De solo pensarlo se le crispaban los nervios, por lo que decidió salir a recorrer un rato las calles principales del pueblo.
En Gerona, el culto al alcohol se notaba en cada rincón, salpicado por expresiones jactanciosas y machistas. A su paso, la china recibía miradas y piropos obscenos de individuos que le prometían hacerle el amor en posiciones que ni Confucio hubiera concebido.
Finalmente, Meilín Sin Fen detuvo sus pasos ante la puerta del teatro Rialto, que anunciaba la superproducción "Lo que el viento se llevó", con Clark Gable y Vivian Leigh. Le llamó su atención unas fotos que anunciaban el próximo estreno de un sainete bufo con el gallego y el negrito, interpretado por Lino Muñoz, más otros artistas del patio, entre ellos aparecía, curiosamente una china de físico muy parecido al de su hermana Bai, que tantos aplausos había cosechado con sus actuaciones en el teatro Águila de Oro en el barrio chino.
Al amanecer, Meilín se dirigió a una parada cerca del cementerio desde ahí salía todas las mañanas un transporte hasta el poblado de Júcaro. Tras una corta espera, se anuncio la salida del ómnibus, de pasillo estrecho, largos estribos y una sola puerta. A empellones logró sentarse en un incómodo asiento, contempló con paciencia la riña de los que quedaban por subir
El autobús se puso en marcha con rumbo al tortuoso camino de *Mal País*, que conducía al pueblo de La Fe, allí dejó a la mayoría de pasajeros. Después de una parada en la que el chofer y el ayudante saborearon una tacita de café, continuaron la marcha hacia el poblado costanero de Júcaro entre el monótono paisaje de pinares y cítricos; no habían avanzado largo trecho cuando una humareda comenzó a escaparse del capó del motor que se extendió rápidamente por todo el vehículo.

—¡Caballeros, el radiador se jodió! «Dijo el chofer con expresión trágica».

Por mucho que se embarraron de grasa, no hubo solución posible, fue preciso devolver el dinero a los pasajeros, con la frase de "¡Señores, lo sentimos mucho!" La única opción que restaba, era continuar a pie. Eso sí, sin escatimar maldiciones. Meilín comenzó a caminar con sus bártulos a cuestas. A cada minuto de marcha por la vieja carretera el sudor se hacía más copioso y sentía arder su garganta por el calor abrasador del mediodía.

El ronquido del motor de un fotingo a sus espaldas vino a sorprenderla en aquel camino, hasta que el chofer aminoró la marcha para alcanzarla y decirle:

—¡Oh, mon Dieu! ¡Qué chinita más linda me he encontrado!

— ¡China no! ¡Japonesa! ¡Aprenda a distinguir personas! Le respondió molesta al hombre, mientras por dentro suplicaba que le ofreciera subir al auto. Una amable invitación del chofer materializó su deseo.

Meilín Sin Fen se sentó junto al mismo y dio un profundo respiro de alivio después de oír que le adelantaría un gran tramo del camino a Júcaro.

—Por esta vía primero nos cruzaremos con mi casa. Soy Francois Gamboa, el dueño de toda esta finca La Mercedita. La noto tan agotada que me daría mucho placer que aceptara una naranjada y después un buen café. Después, chéri, le prometo llevarla hasta donde usted va.

La oferta de Gamboa no era despreciable. El francés era uno de los tantos cazadores de fortuna a los que se había referido el viejo Martínez en El Pinero. Su porte era gentil y tenía, además de su sombrero alón, un garbo que lo hacía muy atractivo. Meilín consideró que bien valía la pena aceptarle la oferta.

La casa de Gamboa se había construido muy funcionalmente. Los espacios abiertos y cerrados se relacionaban con jardines interiores. Tan pronto entraron en la casona una sirvienta salió a su encuentro y el francés le pidió que sirviera dos jugos de naranja bien helados y después un café fuerte. Meilín Sin Fen se acomodó en uno de los butacones, agradecida por la gentileza del hacendado, que tal vez San Fan Con le había puesto en su camino. Iba el francés a iniciar una conversación, cuando el insistente claxon de un auto estacionado ante la puerta anunció una visita inesperada. Se trataba del alcalde Gualda Royo y del teniente Pantoja, de la Guardia Rural, más conocido en la Isla por "machete".

—Si la montaña no viene a mí, tengo que ir a la montaña, enfatizó vanamente el alcalde mientras le daba un fuerte abrazo a Gamboa, quien esbozó una mueca en lugar de una sonrisa.

—Pero... ¿Qué ven mis ojos? ¡Jugo de naranja para intoxicarte, y el ron que es tu medicina! «Exclamó el alcalde», y agregó con sorna ¡Oiga, Gamboa, usted se ha traído lo mejor de China ¡Mujeres así no se ven por estos campos!

El aliento de los dos hombres era una destilería. El alcalde del pueblo y el militar recorrían la zona desde temprano, cargando con puercos, aves y viandas, cual obligados tributos de los campesinos a cambio de que ellos no cumplieran su amenaza de "enredarles la vida".

—Amigo, Gamboa, vine a pedirte un favorcito: estoy esperando en estos días la visita de un personaje de la capital muy importante y que goza de todo mi respeto. Por eso quiero ofrecerle una comelata como un socio así se merece. Y para más, tengo el cumpleaños de mi mejor oficial, el del Teniente Lucrecio Pantoja, aquí presente, mi mano derecha y jefe del SIR del territorio «dijo alabando a

su acompañante». Chico, tú tienes tus cochiqueras repletas de puerquitos, así que como hermanos que somos debes darme una mano en este lío que me he buscado.
—Pero, mon Dieu! ¡Tú eres el hombre más importante de esta isla! «Dijo el francés con un deje irónico». Vaya donde mis hombres y que le carguen un par de chanchos bien gordos, para que no se me ponga a decir que el francés no le ayuda.
—Pues mira tú qué haces, porque tengo cientos de cajas de toronja echándose a perder por falta de combustible para los camiones y poder embarcarlas para La Habana. ¡Suénale plan de machete a los acaparadores de petróleo!
Tan pronto se fueron, Meilín pidió a Gamboa que la llevase a Júcaro para no llegar tarde a la casa donde le aguardaban sus familiares. Antes de encender el motor del auto, Francois Gamboa le dijo con expresión melosa a la bella asiática:
—Madame, no me va a ser fácil olvidar su rostro ni su regia presencia. Conozco a los japoneses que viven en la casa adonde se dirige. Espero volver a verla...
Meilín bajó en un recodo del camino, muy cerca de la casona de Junichiro-san. Era una estancia de piedras de calicanto y techo de madera a dos aguas junto al río que daba nombre al caserío. Al amplio portal se llegaba por un sendero de cocoteros. A su derecha, una cochera con una furgoneta Ford pintada de azul. Y en los alrededores de la vivienda, sembradíos de plátanos, cítricos y verduras recién regadas.
—Do itashimashite «expresó» para darle la bienvenida Junichiro—san, un japonés de edad madura, baja estatura y ojos felinos.
—Domo arigato gozaimasu, respondió agradecida la supuesta Kimiko Takada, al tiempo que mostraba al

residente el botón de plata con la estrella en forma de flor, credencial de la Kempei—tai.

A una señal del comandante Junichiro-san apareció otro japonés que saludó a la recién llegada con reverencias y se apresuró a tomar su equipaje. Lo primero que se veía en una esquina de la sala era un Mikoshi con numerosas velas encendidas, telas y tiras anudadas, ofrendas típicas del altar sintoísta. En otro ángulo, una larga mesa adornada por una cesta colmada de frutas tropicales que incitaba el apetito.

El cabecilla de la red japonesa mostró a Meilín la pequeña habitación que le habían habilitado para que tomara un descanso reparador tras el fatigoso viaje y acomodara sus pertenencias. Cuando la cena estuviese lista, la llamarían para presentarla formalmente.

A la hora de cenar, cuando Kimiko Takada se presentó en el comedor, los trece integrantes del equipo la recibieron de pie y con una inclinación, impresionados ante la hermosura resplandeciente de su compatriota, venia envuelta en un kimono tradicional, tan radiante como los rayos del sol que despedía aquella tarde.

—Omegai shimasu. «Dijo el comandante Junichiro—san» indicandole que tomara asiento». Puesto de pie, tomó la palabra para hacer la formal presentación de la nueva compañera.

—Todos los presentes, señora Takada, somos miembros del comando especial de la Unidad 731, cuerpo que tanta gloria le ha dado a Japón, bajo el mando de nuestro honorable general Shiro Ishii.

A medida que los iba nombrando, los oficiales se fueron poniendo marcialmente de pie:

—Hideki, Tobo, Shubun, Iwasa, Hiroshi, Maruyama, Yutaka, Kano, Akira, Kenji, Ozu, y el capitán Toshiro Morita—san, mi segundo al mando. Cuando supimos que la mujer japonesa estaría representada en nuestro grupo, lo consideramos un alto honor de parte del excelentísimo teniente general Nakajima Kesago, nuestro glorioso comandante de la *Kempei—tai* «manifestó alzando la copa de sake para hacer un brindis que todos secundaron de inmediato».

—Domo arigato. «Respondió la oficial Takada inclinando la cabeza». Para la espía del Kuomintang, su presentación en la red de Genzaburo Junichiro—san ha sido una carta de triunfo, antes que se descubriera la suplantación de la agente silenciada.

— ¡Nuestra camarada será nuestra Tokui! «Agregó el capitán Toshiro Morita, alzando nuevamente la copa para que todos apoyaran su decisión». De esa manera, Kimiko Takada, se convirtió en la favorita del colectivo de oficiales de Inteligencia del imperio del Sol Naciente.

Kimiko Takada mostraba continuamente su profundo agradecimiento por las atenciones que recibía del colectivo, intentando ganarse la simpatía y la confianza de esos hombres aislados en aquel páramo, sujetos a una disciplina estricta.

—En mi pueblo le llamábamos al tofu "carne de campo". Me encanta y me trae muy gratos recuerdos, además de ser muy nutritivo. Mi madre guardaba como un tesoro el Tofu Hyakuchin, un libro de hace dos siglos que tiene cien recetas de tofu «comentó la homenajeada»para amenizar la sobremesa.

Cuando terminó la cena, el Comandante Junichiro—san hizo una discreta señal y todos los hombres se despidieron con ceremoniosas reverencias de la señora Takada, que quedó a solas con el superior, oportunidad que aprovechó, para invitarla a contemplar el altar al iluminado Showa, Hiroito, portador de la paz radiante. Sin embargo, Kimiko Takada declinó la invitación de acercarse al sagrario y rogó humildemente que le permitiera contemplarlo de cerca

durante los próximos días, pues tenía la menstruación, y actuar de otra manera sería una irreverencia de su parte.
El militar comprendió la actitud de la mujer, que con tanto respeto preservaba la pureza del culto y alegó que por la tarde él mismo había tenido que hacer un Misogui, aseándose escrupulosamente como exigía el rito del Kegare.
—Nuestra misión consiste en hacer un bosquejo de las costas de esta isla, conocer las corrientes, el flujo de las mareas, sondear las profundidades, hacer cartas náuticas, buscar los mejores estuarios y reportarlo todo al mando. Todos nuestros informes son utilizados tanto por la Kempei—tai, como por la Nikonjunkai Hei, porque Contrainteligencia e Inteligencia deben estar vinculadas en nuestra misión. Para ello, contamos con una magnífica embarcación de motores muy potentes que está acoderada en el estuario al fondo de la casa. Usted, señora Takada, será igualmente nuestro enlace en La Habana con otros agentes que radican en la Asociación Japonesa. Esta sociedad intenta agrupar a todos los compatriotas nuestros que residen en Cuba, aproximadamente unos mil doscientos distribuidos en cuarenta y seis regiones del país. En esta región debemos vigilar las actividades de Yoshizawa, hombre muy astuto al que debemos observar de cerca. Llegó a esta isla hace siete años y ya tiene organizada una cooperativa agrícola. Por el momento no vamos a presionarlos; llegada la hora, si no colabora con nosotros recibirá su merecido por alta traición y probará lo que es el brazo justiciero de nuestra Kempei—tai «enfatizó Junichiro—san en tono amenazante».
—Osu, mi Comandante «respondió Kimiko Takada», asintiendo con un gesto de la cabeza.
Temprano en la mañana, Kimiko Takada saludó alegremente al joven Hiroshi, cocinero y sirviente del equipo, que mostraba un carácter alegre, a diferencia de los

demás miembros, ceremoniosos y reservados. El paisaje era sencillamente encantador, rodeado de una vegetación típica de costa y lo atravesaba un manso río que desembocaba a poca distancia en el mar. Exclamaciones fuertes de unos hombres que practicaban ejercicios atrajeron la atención de la joven, quien se asomó con discreción al patio de la casa, utilizado como *dojo* para la práctica de las artes marciales.
Adelante señora Takada, usted siempre es bienvenida. Recién comenzábamos la práctica «dijo el capitán Toshiro Morita», en su cintura anudaba el cinturón Nana—dan, símbolo del séptimo Dan de la escuela de *Jjjitsu Sin Kace Ryu*
A la voz de ¡Kio tuske! todos se pusieron firmes sobre el tatami y el *sensei* pasó revista con acuciosa mirada a sus discípulos.
—Tú Shubun «dijo a uno de ellos», que se limitó a responder con un "¡Jai, sensei!".
De repente, el alumno salió lanzado por el aire y vio a Toshiro Morita arrodillado a su lado, con el puño amenazante sobre su pecho. Con una sonrisa de orgullo, su rostro se volteó hacia los alumnos para decirles:
—Esto es una Kawazu gake especial, una proyección con los pies entrelazados.
—¿Le gustaría practicarla, señora Takada? «Preguntó el sensei», al ver el asombro con que lo miraba la mujer.
—Aceptó su invitación, Morita—san, de mí nunca oirá una evasiva ante algo nuevo que aprender «dijo vanidosamente»
Morita tomó por los hombros a la mujer para indicarle solamente el movimiento inicial de piernas para la proyección; pero para sorpresa suya, fue lanzado con tanta velocidad que no tuvo tiempo para reaccionar ante técnica tan perfecta.

— ¡Nin Jutsu! «Exclamó repetidamente el Comandante Junichiro San», que desde la puerta había contemplado en silencio el lanzamiento.

—Eso es el arte mortal de los ninjas «le dijo a la mujer», que sonreía ante el asombro de los demás, alegando que lo había aprendido de su maestro Ryü, quien dominaba a la perfección el arte del Togakure.

Por la tarde, el Comandante Junichiro—san, cuya admiración por la mujer crecía por día, la invitó a compartir con el resto del grupo una travesía en la lancha. Los motores de la embarcación ronronearon potentes por el estuario del río Júcaro hasta que se divisaron los cayos de los inglesitos, según señaló el alférez Yutaka. Hacia el sur, podía verse una franja de arena en la costa, se trataba de Playa Blanca y Playa Larga, unidas a la caleta de Carapachibey, donde avistaron las goletas *Elisia* y *Fernandina* que abandonaban el pequeño embarcadero. Poco después, la lancha de los japoneses alcanzaba la altura de Punta Francés. Hiroshi sirvió unos pescados fritos para saciar el hambre de sus compañeros y la embarcación quedó al pairo frente a las costas de Playa Roja, una franja arenosa colmada de palmeras, donde el río San Pedro vertía al mar sus aguas después de serpentear entre los meandros y accidentes de la Sierra de Siguanea.

Una semana después de su llegada a la instalación nipona, la agente Sin Fen, ya había conquistado el respeto y la confianza de sus miembros. La oficial de inteligencia acopiaba cuanta información obtenía del grupo, que cada día la apremiaba más para que hiciera llegar a Tokio los datos recopilados acerca de los mares adyacentes a Isla de Pinos. Meilín consideraba que eso sólo tendría sentido si trataran de elaborar un plan logístico contra territorio americano. Por otra parte, mantenerse entre esos japoneses era sumamente peligroso, destruirlos era una medida activa de neutralización imprescindible. La repugnante conversación que escuchó aquella noche cuando regresaron la hizo decidirse a concluir su labor.

Pasados de tragos, los oficiales de la *Unidad 731* empezaron a narrar sus memorias de la ocupación de Nankin, el 13 de diciembre de 1937. Sus evocaciones hacían reír a carcajadas al comandante Junichiro—san, que tomaba al pico una botella de Sake mientras escuchaba los relatos del alférez Yutaka.

—El entrenamiento que pasamos en la *Unidad 731* nunca lo olvidaré «decía con orgullo el alférez». En Nanking llenamos de gloria nuestro espíritu samurai cuando ejecutamos a miles de soldados del estercolero chino. Yo mismo até las manos a la espalda a decenas de ellos para practicar la técnica de bayoneta calada a la perfección

—Yo saqué más provecho que tú, Yutaka, porque con mi pelotón me hice de más de una docena de recién nacidos que habían parido las putas chinas. Y había que ver aquello, lanzaba al aire a las criaturas para ensartarla con el sable antes de caer a tierra. Y puedo jurarte que no fallé ninguno «expresó Tobo con orgullo de artífice».

—Fue un momento supremo para nuestra formación como soldados imperiales «recalcó el Comandante Junichiro—san». El libro de los *Cinco Anillos,* dice: "…Hay que ser como muro de roca, y un guerrero tiene que ser inaccesible a cualquier cosa, completamente inamovible. El sentimentalismo le es fatal a la victoria…"

—Y también yo… «Iba a contarle a Hiroshi, cuando uno del grupo le interrumpió».

—No vengas a contar que te entrenaste como nosotros, porque lo único que te vieron hacer en China fue desvirgar a cuanta niña encontraste en el camino; aunque bastante culatazos les habrás dado para que te abrieran las piernas.

La anécdota hizo brotar carcajadas en el grupo, que escuchaba arrobado las peripecias vividas bajo el mando del teniente general Nakajima Kesago, de la 16ª División.

—Nuestro general Kesago llevó a cabo una gran obra en Nanking, acabó con más de doscientos mil chinos y con una población rebelde que no podíamos mantener con vida «manifestó con aire marcial Junichiro—san» Yo lo acompañé en toda su campaña. Capturamos: Shanghai, Soochow, Qingdao, Cantón y Hankow, hasta obligar a las tropas chinas a replegarse hacia el oeste. Sí, no cabe duda, siempre estaremos orgullosos de lo vivido en nuestra *Ishii 731*.

Lágrimas de odio, asco y desesperación brotaron incontenibles de los ojos de Meilín Sin Fen, atenta detrás de la puerta a la repugnante confesión de la cohorte de asesinos con que tenía que convivir. Su alma solo recobraría la paz cuando los destruyera, como se destruye a una plaga de microbios.

Luego de cenar, el comandante Junichiro—san le pidió con mucha afectación a la oficial Takada que lo acompañara al corredor. Sentados como de costumbre en las mecedoras, empezó a dar rodeos antes de abordar el delicado asunto que deseaba tratar con ella. Comenzó por decirle; que muchos moradores del lugar le habían preguntado si su mujer había llegado de Japón para hacerle compañía, lo que, a todas luces, sería muy útil aparentar. Subrayó que, sin embargo, era triste para él conformarse con meras apariencias, pues ello afectaba su orgullo y sus más altos principios.

—Usted nunca me había pedido eso, Junichiro—san. Por mi parte no seré yo quien me oponga a sus deseos, si así es su voluntad... «Le respondió, bajando los ojos con la respiración entrecortada y marcada timidez», a tono con la emoción que suponía estaba sintiendo.

Entrada la noche, una tras otra fueron apagándose las luces de la casa y los miembros del comando, completamente ebrios, se retiraron a dormir, pues a la mañana siguiente tenían que zarpar, para pilotear al este de la isla una zona inexplorada. El cantar de las cigarras rasgaba el silencio nocturno y el murmullo del río acariciaba los espigones donde estaba amaromada la embarcación de los espías de Hiroito.

La lectura del *Engi Shikli*, el libro sagrado del sintoísmo, mantenía despierta Meilín Sin Fen, por lo que decidió prepararse en la cocina un té de jazmín. La tetera humeante dejaba esparcir el aroma de la infusión. Ella la bebía a pequeños sorbos, dejando vagar la mirada sobre unos adornos orientales colgados en un paño de la pieza, cuando oyó a sus espaldas la voz de Junichiro—san

—¿Pudiera invitarme a probar del exquisito té que disfruta?

—Mi comandante, usted puede probarlo todo «respondió con un fulgurante brillo en sus pupilas», conjugada con la expresión maliciosa de una mujer en celo.

Sin mediar palabras, el recio japonés la tomó por la cintura y la cargó hasta su habitación, como fiera que lleva a la presa entre sus fauces. Meilín se vio despojada impetuosamente de su ropa, su cuerpo nacarado quedó expuesto a la tenue luz de un pequeño farol. Todo era brutal, sin matices, precipitando en ella un alud de sentimientos aborrecibles.

En el momento que el hombre penetraba sus entrañas, dijo adolorida: ¡Oso, Yuk kusi!, buscando más suavidad en la lascivia bestial, que solo acabó con el orgasmo del sicario jadeando de placer.

"Arigato, arigato, le repetía Meilín dulcemente, al tiempo que tomaba de la esquina de la cabecera de la cama la agujeta con que componía sus peinados. Con maestría singular, la aguja filiforme la introdujo rápidamente en el punto *FengFu* de la base craneal. Al momento el esbirro sufrió una parálisis respiratoria inmediata y quedó con los ojos desmesuradamente abiertos e inertes.

—Sayonara, mi comandante. No hay nada más parecido al orgasmo que expirar... «Le susurró Meilín Sin Fen al cadáver de Junichiro—san», y en silencio abandonó la habitación.

Al clarear el día, el oficial Hiroshi entró a la cocina para preparar el desayuno y saludó a Kimiko Takada que preparaba el té para todos, mientras entonaba una vieja melodía japonesa.

—Ha amanecido hoy muy contenta, señora Takada, no tenía que molestarse en hacernos el desayuno «dijo Hiroshi con afabilidad», recibiendo a cambio una enigmática sonrisa de la mujer.

—Bien, si quiere ayudarme, entonces corte usted las rodajas de mango, oficial Hiroshi, que yo elaboraré los otros alimentos. Mejor ser útil que estar desvelada en la cama, por eso me decidí a darle una mano en sus quehaceres, se que hoy los hombres tienen que hacerse temprano a la mar, aprovechó un aparte para extraerse de la encía un molar postizo que a solo un golpe de uña, pudo verter un líquido cristalino sobre el jugo para todo el colectivo.

Pocos minutos después del desayuno, una profunda somnolencia se apoderó de los hombres. El único ausente era el capitán Toshiro Morita, que había abandonado la casa antes de amanecer para dirigirse en la furgoneta al poblado de La Fe en busca de provisiones.

Los oficiales nipones empezaron a extrañarse ante la ausencia de su comandante; hasta que las palabras de la Takada, acompañadas por una sonrisa pícara, calmo la inquietud de los hombres:

—Alegres anoche compartimos... bebimos hasta muy tarde, señores. Me pidió que le dieran unos minutos de merecido reposo...

— ¡¡Kachi!! «Todos celebraron la noticia coreando emocionados el grito de victoria japonés».
Sin embargo, el veneno diluido en una docena de vasos de jugo no era suficientemente poderoso como para provocar la muerte inmediata a quienes lo habían ingerido, produciría a lo sumo letargo y malestar que se extinguirían en un par de horas. A la agente china no le quedaba otra alternativa que consumarlo al estilo ninja, el ajusticiamiento de los asesinos en nombre del pueblo chino. Por ello, cuando empezaron a caer en estado cataléptico, extrajo rápidamente de su ropa interior una daga afilada y cercenó la aorta del cuello de cada japonés. Las habitaciones de la mansión rápidamente se tiñeron de sangre. Era una matanza sangrienta y mientras más sangre fluía, más caía Meilín en una suerte de frenesí, saciando la sed de venganza de todas sus compatriotas violadas y las madres desgarradas por el dolor de ver cómo aquellos monstruos atravesaban a bayoneta calada las entrañas de sus criaturas. China había extendido su mano justiciera en la amazona de su Servicio de Inteligencia, cuya misión era tanto salvar vidas, como exterminar a los enemigos.
Meilín recogió el pequeño radiotransmisor y el libro de códigos. Sin perder tiempo regó gasolina por toda la casa para culminar la acción. Pronto las llamas barrieron las huellas de aquel acto. El incendio era una obra perfecta del kayaku jutsu, el arte ninja de aprovechar el fuego. Mientras la casona ardía, ella echó a andar por el camino hacia La Fe, contemplando impasiblemente la concurrencia de los campesinos de la zona que corrían al lugar para auxiliar a los vecinos.
"Un trágico siniestro, algo que les explotó a los japoneses", fue el informe del capitán del SIR Lucrecio Pantoja cuando se personó en el lugar. No pudo precisar siquiera cuantos cadáveres había en la casa. Según los vecinos que

presenciaron el siniestro, hasta la lancha se incendio cuando el petróleo la alcanzó, explotando con un sonido seco, como si hubiera bombas de dinamita adentro.
"Tarde o temprano el capitán Toshiro Morita caerá en la red. Cuando el árbol cae los monos se dispersan... Si, acabé con todos estos criminales, y que me perdone mi diosa de la Misericordia, como perdonó Jehová a Judith cuando degolló al general Herofonte", se repetía en silencio la Kunoichi Meilín Sin Fen mientras avanzaba hacia el puerto, apoyada en un bastón improvisado con la rama seca de un árbol. Los que pasaban a su lado solo veían a una anciana desaliñada y llena de polvo que de favor pedía la dejaran subir al vagón del tren de Maracayero, donde se cargaba maderas y carbón para el muelle de Gerona.
De regreso a La Habana, a solas en su habitación, Meilín tomó de su equipaje el pequeño radiotransmisor que utilizaba Junichiro—san y radió a a la Nikonjunkai—hei un mensaje codificado: "grave error provocó explosión de cargas de dinamitas en la red de Júcaro, con la muerte de todos los integrantes y la pérdida de la embarcación, excepto del capitán Morita, desaparecido. Logré salvar el código y el equipo por el cual transmito. Solicito instrucciones... Kimiko Takada".
Días después llegó la respuesta. El mismo general Seizo Arisue le expresaba su pesar por la pérdida de los oficiales destacados en Isla de Pinos, que habían sido condecorados post mortem y le ordenaba contactar de inmediato en La Habana con el canal de la *Kempei—tai*, a fin de viajar cuanto antes a Arizona, Estados Unidos, donde recibiría instrucciones para una misión de suma importancia, convivir con la tribu de los indios navajos...

Capítulo 13

—A veces en la vida sucede que los caballos son los que trabajan y es el cochero quien recibe la propina «comentó el comandante Miguelón» al sargento Vila, mientras conducía el auto por la Avenida del Maine. Así que no me extraña que tu suegro te haya tratado de estafar, compadre; si le quitaste a la hija, bien puede quitarte el dinero.
— ¡Mira eso Miguelón!... Coño, dale despacio a esta mierda. ¡Pero qué clase de tetas tiene esa mujer! ¡Alabao sea Dios! «Exclamó el sargento al ver a una trigueña que caminaba entre los portales de los edificios».
— ¿Dónde pasaste el curso de asesina? «Le gritó Miguelón a la mujer», que estaba bastante cohibida ante la andanada de piropos que recibía de los dos hombres. Iban a continuar con los requiebros cuando por la planta COLZ de la radio móvil escucharon una orden de cumplimiento inmediato: "Atención, atención, a todos los carros. Dirigirse de inmediato al Hospital Psiquiátrico de Mazorra, en Rancho Boyeros. Clave, pluma roja. ¡Tomar extremas precauciones y reducir a la obediencia!".
Aullando sirenas, los autos patrulleros de la Policía, carros de bomberos y autos celulares, volaron prácticamente en dirección al hospital.
— ¡Echa pa'allá, carajo! ¡Que los estudiantes y los trabajadores, formen barullos está dentro de lo posible; pero, ahora también los locos. ¡Coño, esto es algo inconcebible! «Le dijo Miguelón a su compañero».
Antes de una hora la Policía cercaba la manifestación de los dementes sublevados en el pabellón Esperón y los bomberos comenzaron a desenrollar la manguera, lista para lanzarles chorros de agua a fin de controlarlos. Varios agentes del Buró de Investigaciones abordaron a los médicos del

hospital para conocer la causa de tan inusitado motín y cómo había llegado a producirse.

—Mire usted, oficial «dijo uno de los psiquiatras al teniente Antolín Falcón», esta gente ha comenzado la revuelta porque este hospital no cuenta con ninguna ayuda del gobierno. Ni desayuno les dan, solo dos comidas miserables al día, a base de pan y potaje aguado. Viven hacinados en los pabellones hombres y mujeres completamente desnudos durmiendo sobre el alambre de los bastidores, llenos de piojos, sin bañarse, sin medicamentos. Incluso reciben electrochoques sin anestesia... ¡Esta es la nave de los locos, teniente...!

—Mira, medico. Yo no soy el Ministerio de Salubridad... «Fue la respuesta lacónica del oficial», y a continuación comenzó a vociferar:

—Muchachos, vamos a acabar con la fiesta.

Acto seguido le siguió Miguelón paseándose entre el tropel de policías que, tolete en mano, amagaban a los enfermos. Y para liderar la arremetida contra el grupo de orates, sacó del auto un grueso bicho de buey con el que propinó la primera golpiza. Miguelon vertía toda su furia contra los pacientes, que corrían despavoridos ante la embestida. De pronto, un disparo resonó en el patio y un joven con el torso desnudo cayó, bañado en sangre. El médico que discutía con el teniente Falcón corrió hacia el muchacho y alzando los brazos exclamó:

— ¿Quién carajo le ha disparado a este infeliz? Coño, si sólo tiene dieciséis años, lo han asesinado.

Sosteniendo en la mano la pistola todavía humeante un cabo de una de las patrullas se zafó la corbata de un tirón y argumentó a toda voz:

— ¡Hombre! ¿Qué querían que hiciera?.. Me venía pa' arriba con un palo... ¡Si este loco me agarra me acaballa! ¡Oigan, se los advierto, con los locos no se puede perder tiempo, le rajas un tiro, o te matan...! Ustedes, escojan.

El enfrentamiento tuvo un saldo funesto: setecientos setenta y ocho dementes atropellados, cinco heridos graves y un adolescente muerto.

Usando dos palillos de dientes untados con alcohol y limón, Enrique August Lunin sobrescribió cuidadosamente la felicitación de la postal, en la que resaltaba una pareja cubana de rumberos.

"No he encontrado aun los informes sobre el cereal argentino. Las exportaciones aquí se hacen por Matanzas, Cárdenas, Caibarién y Santiago. La Policía y el Ejército vigilan
"Rafael B de Castro"

Tomando un sobre escribió el nombre del destinatario: "Sr. Bienvenido Alegría, Gijón, España".

A través de la tupida tela metálica vio pasar diligentemente a Delfina, oyó cerrar la puerta de su habitación al viejo viajante de medicina, que con el pesado maletín lleno de medicamentos salía a visitar como de costumbre a los clientes en clínicas y consultorios, habituados a su tenaz promoción. El oficial del *Abwehr* se sirvió un trago de la botella de *Felipe II* para mitigar los vapores de la humedad que empezaba a penetrar en la pequeña habitación, tan recargada de trastes que no quedaba espacio ni para ubicar un florero. Lunin se vistió de cuello y corbata y salió de la pensión rumbo a la oficina postal de la Habana Vieja, a comprar sellos y luego depositar el sobre en el buzón y desde allí se dirigió al famoso prostíbulo de Marina, donde había hecho buenas migas con Gertrudis Montpelier, una de las más excelentes prostitutas de la Casa. Al llegar al prostíbulo conocido popularmente por el "palacio de la leche", tocó la aldaba con la efigie de un león. Una fuerte

ventolera batía en los portales, enredándole los cabellos rebeldes que se agitaban sobre su frente. Alguien se asomó por la mirilla y una voz femenina preguntó:
—Buenas tardes, caballero ¿Tiene aquí alguna amiga?
—Sí, soy el señor Enrique Lunin, el comerciante hondureño. Sí, tengo aquí una amiga. Por favor, avísele a Beba.
— ¡Ah, espere un momentico, por favor! En breve la puerta se abrió y apareció sonriente una hermosa trigueña, de ojos verdes y cuerpo escultural, vestida con una blusa sin mangas anudada al pecho y un short corto que permitía mostrar en toda su esbeltez sus muslos nacarados.
El patio interior de la residencia, adornado con sensuales esculturas de mármol de Carrara, estaba perfumado con la fragancia exquisita de los jarrones con flores. Una selecta concurrencia de caballeros platicaba bajo el fondo musical del trío *Los Melódicos*, que amenizaba con boleros la clientela de la famosa basílica del amor.
Lunin se acomodó en uno de los butacones esperando por su amiga Beba. Su mirada paseaba por el ir y venir de tantas mujeres en subasta. Un joven moreno se acercó y con marcado amaneramiento, le ofreció la carta de tragos, él la repasó ligeramente y ordeno un doble *"Ballantine"* a la roca, acompañado por un entremés de queso francés *Bresse Blue*. Para las actividades de capa y espada del oficial del *Abwehr*, el lugar era ideal dado el tipo de clientela que lo frecuentaba; cuando no participaba en conversaciones, podía escuchar interesantes comentarios que constituían una fuente inapreciable de información para Berlín.
Unos fuertes golpes en la puerta atrajeron la atención de la chica que servía como portera. Al dar una ojeada a través de la mirilla, anunció con notable desgano:
"—Marina, llegó la fiana..."

Con jocosidad, repartiendo abrazos y besos empalagosos hicieron entrada los Comandantes Miguelón Lavastida, Mariano Faget, y el teniente Antolín Falcón.

— ¡A ver carijo, a poner cervezas y camarones aquí, que los locos de Mazorra nos han dejado más arrebatados que ellos! ¡Eh, esos del trío, que alegren a la gente con las guarachas de Ñico Saquito!

Mientras que el trío comenzaba a interpretar la guaracha "Quítate de la Vía Perico", el negrito del bayú se apresuraba en el bar para servir a los personajes.

—Muchachas ¡Hoy es el santo de nuestro comandante Faget, hombre y amigo! «Exclamó el teniente Falcón».

Cortesanas y clientes rieron entre dientes, la gracia del sicario. Nadie de los presentes quería vérselas con la *Porra batistiana*.

De inmediato, la matrona Marina, empolvada y adornada de alhajas, salió de su despacho para abrazar a los oficiales, mostrando una caricatura de sonrisa.

— ¡Ay, mi gordo, me pinchaste la barriga con el juguete que tienes en la cintura! Mejor pínchame con otra cosa, siempre andas ensillao, por eso cuando el carnero es grande le dicen cabrón... «Le dijo la madame al Comandante Faget en son de mofa».

También la mexicana fue directo a saludar a Miguelón, su protector, quien al verla comentó a sus amigotes:

"Caballeros ¿De qué muere el quemado, si no es de puro ardor?"

Los policías rieron a carcajadas su ocurrencia con la mexicana, que para congraciarse le dio un suave apretón de huevos y riendo comentó:

"Oigan, a este hombre yo lo tengo como a un dios. Fíjense, que el chulo que me tenía amenazada con picarme el culo con una sevillana; desde que se enteró que ando con él, se esfumó."

Sentado en un ángulo del salón, Lunin contemplaba la escena, analizando en silencio a los extravagantes oficiales, que les recordaba a los oficiales de la GESTAPO. "El Comandante Faget parecía ser el más astuto de la cofradía, de seguro sería el instrumento, el *stool-pigeon*, que utilizaba el FBI en Cuba. Su rostro denotaba inteligencia y pocos escrúpulos «consideró Lunin».

Miguelón, pasado de tragos, pidió permiso para ir al baño. Poco después, se sintió un golpeteo en la puerta del servicio y sus acompañantes alarmados corrieron hacia él.

— ¡Migue, Migue! ¿Qué coño pasa?

— ¿Qué carajo va a pasar? Esa es mi manera de sacudírmela... «Respondió sonriéndose».

—Ay, Faget, mi machote, no te me pongas bravito, pero tengo que dejarte un rato. Es que aquel caballero del butacón, señalando a Lunin, lleva mucho esperándome y es un magnífico cliente de la casa. ¿Me excusas...? «Se disculpó la Montesinos» Que por un momento compartía con los oficiales que se habían hecho centro del prostíbulo.

— ¡A mucho amor, mucho perdón! Cumpla usted primero con su oficio de ángel, porque a la mala venta, mala cuenta. Hecha para acá a otra de las niñas para que le haga compañía a Marianito en su día «intervino Miguelón».

Beba tomó a Lunin de la mano, como se lleva un carnero al matadero y lo llevó a una habitación del segundo piso.

—Permíteme decirte que eres extraordinariamente bella «lisonjeó Lunin a la prostituta» Mientras acariciaba sus senos acodado a la cama.

—Caballero, es usted muy romántico «respondió cariñosamente Bebita», agradeciendo la galantería de su quinto cliente de aquel día.

—Aseguro le digo la verdad. Pienso que con su belleza no tendría que llevar está vida. Podría aspirar a mucho más.

¿Ha pensado usted cuántos hombres han disfrutado de su cuerpo...?
Bebita hizo un breve silencio, mirándole a los ojos, pensando la mejor respuesta a la pregunta del parroquiano...
"—Mira, polaquito, como suelen llamarte, yo desde los catorce años estoy metida en esto. Mi madre en Carraguao vivía de lo mismo. Creo que lo llevo en la sangre, porque soy hija de Yarini. Ensayé a enamorarme de un hombre y a cambio recibí de él una hija, sus golpes y un montón de cartas náuticas, que abandonó en el cuarto, porque es oficial de la Marina de Guerra, jefe de Cartografía. Mi mayor pasión hoy día, es mi hija, y la pobre está enferma... Tengo que buscarle la medicina como sea, por eso te diré que no me preocupa recordar cuántos me disfrutaron, a fin de cuentas, después que se abre una calle ¿Quién cuenta los que pasaron...?"

Capítulo 14

Lunin salió de la habitación en bata de baño, chancletas y toalla en mano; desde la baranda del pasillo posó por un momento su mirada en el patio de la casa de los bajos, donde el dentista Edrey y su pequeño hijo Albertico se dedicaban a retirar de la tendedera la ropa que había dado a su esposa para lavarle. Esa noche prometía ser muy especial, disfrutaría de la actuación de Olguita en el *Zombi Club*, cuya compañía ya le resultaba indispensable. Cada día pensaba más en ella. Estaba discurriendo de ese modo hasta que el chorro de agua por la ducha se interrumpió bruscamente, dejando solo algunas gotas huérfanas que

cayeron en su cara. Iracundo, entrecerró los ojos para evitar el efecto irritante del champú y empezó a clamar por la ayuda de la señora Delfina.
"Delfina está al llegar... creo que fue un momento a la bodega. Esto es Cuba, señor Lunin. «Dijo con mesurada voz el viajante de medicina desde su habitación»".
"¡Erbärmlich!, Erbärmlich!", maldijo en alemán mientras cargaba varios cubos de agua, algo que con poca frecuencia observaba por las estrechas calles de la Habana vieja. Y para completar el dramático percance, se produjo una fuerte tupición en el tragante del inodoro.
Luego de estos sinsabores, apareció elegantemente trajeado en el comedor de la pensión con un traje, color azul y corbata color plateado. Una exquisita fragancia envolvió a los huéspedes que aguardaban la cena de la española. Sentados a la mesa estaban: Emilio, Clarita y su hermana María Antonia, quien había traído a "la Niña", una joven condiscípula que visitaba con frecuencia el hospedaje.
— ¿Qué nos tiene para cenar hoy la buena de Delfina? Preguntó a la matrona.
—Bueno, hoy tenemos su plato preferido: pote de judías, filete de res, papas a la española y plátanos maduros fritos, con un arrocillo bien desgranado; y como postre, saboreará un helado de piña y para beber, como siempre, soda *Salutaris*, ¿qué le parece?
— ¿Qué me parece?, pues, fantástico. Porque después de un banquete así, puede uno hasta morir en paz.
— ¿Qué me dice de los triunfos de Joe Luis? Cada vez que suena un piñazo tira a un rival a la lona. El hombre promete, es una gloria del boxeo y ha cogido tanta fama como DiMaggio en la pelota «comentó el cantinero Emilio» tratando de entablar una charla con el hondureño.
—Un momentico, que ahí entró la vieja Margot, hoy la suerte va a tocar a mi puerta... Amigos, anoche soñé la cosa

más terrible. ¿Se pueden imaginar un sapo comiéndose a una paloma? Por eso, voy a pedirle a Margot que me ponga un parlé al 22 y al 24 «interrumpió Clarita, sacando un monedero de la cartera».

—Las mujeres tenemos temas de conversación más interesantes. Por ejemplo, la charada para ganarse unos pesos a cambio de unos centavos; pero ustedes los hombres nunca se cansan de hablar de lo mismo: o de boxeo, o de pelota ¡Con tantos problemas que ocupan la atención mundial en estos momentos!.. Al menos, en la Escuela de Comercio conversamos de cosas más serias: de cómo va la guerra, de los nazis y los crímenes que están cometiendo en todo el mundo. Estos últimos días están masacrando a más de treinta mil judíos en Kíev... ¡Caballeros ¿Acaso esos alemanes no tienen madre?! Bueno, madre tienen; aunque de otro tipo. Y es que a todos los parió una perra. Al menos yo, que soy de la Juventud Socialista, lo siento así «manifestó con marcada indignación María Antonia», la hermana del cantinero Emilio.

Las palabras de la joven cayeron como tizones encendidos en el corazón de Lunin. Su mirada llena de odio y turbación se clavó en la chica, que no tan solo ofendía a su patria y a sus compatriotas que morían combatiendo, sino también a la fallecida progenitora de sus días. La muchacha notó de inmediato la expresión colérica en el rostro del extranjero, pero le achacó otros motivos muy ajenos a lo que ella había dicho y prefirió no hacer alusión al asunto, para no interrumpir a su cuñada que abordaba a Lunin, en relación con los logros que venía obteniendo *Estampas Modas*, la pequeña tienda de ropas, recién inaugurada en la Calle Industria, muy cerca del Capitolio.

—Los maniquíes quedaron bien ubicados. En mi opinión, Enrique, creo que ha sido un éxito, la calle Industria es muy céntrica y más con la cantidad de gente frecuentando el

Teatro Campoamor, que tenemos al lado. Hoy la visitaron cerca de veinte personas, siete compraron, y tres se tomaron las medidas para unos vestidos que escogieron en el catálogo. Creo que ha sido un buen comienzo para tan pocos días que llevamos.
—Tengo la misma opinión, Clarita, y la blusa estampada que escogiste para el maniquí, es sencillamente encantadora. Esas cosas son las que atraen a la clientela joven, que está siempre buscando lo nuevo, lo chispeante «manifestó con elogio», las iniciativas de su asociada, despertando en el cantinero Emilio un vago sentimiento de celos, el rubor evidente en su rostro lo delataba.
Después de la sobremesa, cuando el cucú del reloj de pared de la sala anunció las ocho de la noche. Lunin se despidió y se dirigió a pie hasta la academia de baile *Havana Sport*, situada en los altos del número 454 de la calle Galiano. Un espacioso salón, bastante concurrido por bellas mujeres elegantes y olorosas como flores, tenían la ocupación de bailar con los clientes que les presentaban papeletas adquiridas a la entrada. A su llegada, saludó a Elósegui, el director del pequeño jazz band, integrado por seis músicos que brindaban un repertorio musical variado. Elósegui se había ganado el apodo de "El monstruo", porque cada noche interpretaba como mínimo cien piezas, entre danzones, sones, pasodobles, valses y polkas polacas.
Tras comprar cinco piezas a la entrada, fue directo en busca de una bailadora que con sólo mirarla, le hiciera dar gracias a Dios por estar vivo. Para un espía con objetivos múltiples estos lugares constituían una fuente inapreciable que le permitía obtener información diversa que servían como termómetro indicador de la temperatura nacional. Sexo, amor y fantasía: los mejores ojos y oídos para un agente de Inteligencia.

Al abandonar la academia, apuró el paso para llegar a tiempo al primer show del Club Zombi; pero en su prisa por salir tropezó de frente con un personaje de macilenta y extravagante figura, barba y melena descuidadas, cubierto con una capa negra cruzada, cargaba un cartapacio de legajos amarillentos; se disculpó con una afectada reverencia por su imprudente andar:
"—Perdone usted mi inexcusable torpeza, caballero, al no esquivar a tiempo su gallarda figura."
Lunin escuchaba sorprendido la disculpa cuando oyó a sus espaldas el vocerío y risotada de unos negros, que le gritaban al demente: "¡Saca tu espada y pínchalo, caballero, por atreverse a chocar contigo!"
Luego de tan inesperada situación, pudo llegar por fin al *Zombi*, marcaba el reloj las once de la noche. El capitán del salón lo ubicó en una mesa reservada muy cerca del Conjunto Casino, que ofrecía una tanda de boleros interpretados por Roberto Espí. Pese a la situación económica que atravesaba el país, el recinto se encontraba completamente lleno. Abría el show el cantante argentino Alberto Gómez, de visita en Cuba, con el acompañamiento del maestro Adolfo Guzmán. Cuando terminó la ronda de canciones, se dio paso a la actuación de un joven declamador, que antes de recitar su poema, de corte antillano, anunció emocionado a los espectadores:
"Buenas noches, mi querido público. No puedo comenzar el poema de Zacarías Tallet, sin antes saludar a mis maravillosos amigos aquí presentes, a estas glorias de Cuba. Me refiero a Rita Montaner y al maestro Ignacio Villa, nuestro querido Bola, que acaba de regresar de una gira exitosa por Gibara. Demos un fuerte aplauso a tan encumbrados artistas."
Resonó por todo el salón un fuerte aplauso que hizo ponerse de pie a los homenajeados, ante tan efusiva muestra de

admiración popular. Acto seguido, un repique de tumbadoras acompañó el poema antillano del joven declamador, que llevaba una guarachera como vestimenta, movía su cuerpo mientras marcaba rítmicamente sus palabras llenas de ritmo y color:
¡Zumba, mamá, la rumba y tambó!
¡Mabimba, mabomba, mabomba y bombó!
¡Cómo baila la rumba la negra Tomasa!
¡Cómo baila la rumba José Encarnación!
Luego, mitigaron las luces del escenario, comenzó a girar un seguidor de luz hasta enfocar la salida de Rebeca, primorosamente vestida de rojo con un atrevido escote, mientras interpretaba el bolero "Tuya soy", de la compositora mexicana, María Alma Basurto.

Soy de ti, porque tú me
enseñaste a querer,
porque, tú me enseñaste a sufrir
el cariño que tuve de ti,
yo seré, en mis noches de amargo penar
el que pueda enseñarte a olvidar,
lo que nadie pudo comprender.
Yo sólo sé, que sin ti yo no puedo vivir...

Al terminar su actuación se dirigió a compartir la mesa con Lunin.
—Buenas noches, Olguita. Te felicito por tu magnífica actuación, pensé que eras el ángel que vino a la Tierra para otorgarme la dicha de haberte conocido.
—Vaya, mira lo que hace decir el ron Bacardí. Ya el otro día te lo dije, y me parece que estás padeciendo de alucinaciones. De todas maneras, gracias por el halago, y como no soy bonita te lo agradezco más. Se ve que eres de Aries ¡Un signo de fuego! Además, en el zodiaco eres el

lobo. Sabes que tú eres para mí eso mismo, un lobo al acecho. Amable, galante, amistoso. ¡Pero sumamente peligroso! Así que no vayas a entusiasmarte, porque no voy a servirte de caperucita roja.

—Olguita, excúsame que te moleste, ¿Tendrás una aspirina para darle a Violeta?, tiene un dolor de cabeza insoportable, y ya el fulano nos está apurando para que nos cambiemos de ropa «el coloquio de la pareja fue interrumpido por las jóvenes».

Olguita sacó del monedero un analgésico y se lo dio a la chica, recibiendo un guiño como agradecimiento. Cuando se marcharon, Lunin le preguntó con curiosidad:

— ¿Trabajan en el show esas jóvenes?

—Sí, son bailarinas. Una se llama, Violeta Vasallo, magnífica, también baila en el espectáculo del Teatro América; y la otra es Caridad, pero cariñosamente le decimos Cary. Siempre está sufriendo por su marido Jorge Luis, un marino que se pasa la vida navegando hacia Inglaterra en el vapor Manzanillo, un barco cubano destartalado. ¡Con tantos submarinos alemanes por esos mares, uno nunca sabe la suerte que pueda correr! Chico, es que la necesidad que se pasa aquí desde el machadato es muy grande. ¡La cosa está muy fea! O se arriesga a que lo hunda un torpedo, o se muere aquí de hambre...

Lunin le dio un giro a la conversación y buscó algo que no pudiera ensombrecer el ánimo de su pareja:

—A mí también querían matarme esta noche, me faltó poco para tener un lance con un mosquetero francés que se cruzó en mi camino, además de un par de negros que le azuzaban, diciéndole: "Caballero, pínchalo con tu espada".

— ¡No me cuentes que ya conociste al "Caballero de París"!. Ese es un pobre loco que vagabundea por las zonas más céntricas de la capital. Ya casi es parte del paisaje habanero. Se ha convertido en todo un personaje. Es un muchacho que

trabajaba aquí cerca, en el Hotel Telégrafo; se llama Juan Manuel López, se disgustó tanto cuando lo acusaron injustamente de robo, que a partir de ahí, se le desató la locura.
— ¿Quieres que te diga algo? A mí me va a pasar lo mismo; porque voy a enloquecer de amor por tu culpa, y entonces me llamarán, el caballero polaquito
El romance con la criolla Olguita crecía por días, y la tenue iluminación del local, unida al suave perfume y el efecto embriagador de la bebida, brindaba la mejor ocasión para besarla, con ardor, imprimió un beso en los labios temblorosos de la joven, aquel beso sellaba una historia de amor. Un amor sin fronteras...

Capítulo 15

—Casi todos los días vengo aquí a desayunar. Las salchichas con pan son excelentes; a veces pido tortilla a la española, exquisitas «le comentó a Herr Degan» mientras pagaba la cuenta al mesero del Hotel New York.
El grupo operativo de Herr Degan había hecho un trabajo limpio y meritorio a los ojos del Heinrich Himmler. El traidor Joachim Wirkenstaedt había sido ajusticiado: lo lanzaron desde la azotea del hotel Plaza, en la céntrica esquina de Zulueta y Neptuno. El ejemplo era válido para quienes se atrevieran a traicionar al Tercer Reich.
—Cuando te graduaste de la escuela de Inteligencia como el Agente "Lumann 3779" sabias perfectamente que si traicionabas, tu familia sufriría consecuencias terribles, incluso hasta la muerte, Wirkenstaedt sabía bien eso «precisó Herr Degan con cierto enojo».

Después de desayunar los agentes nazis salieron del hotel en dirección al Paseo del Prado, conversando amigablemente sobre la situación favorable de la Wehrmach en Tabre y las casi súplicas «recalcó Herr Degan» que el presidente Roosevelt les había hecho recientemente a los japoneses para mantener la paz.
Cuando llegaron a la escalinata del Capitolio los sorprendió un hervidero de gente que se agrupaba frente al edificio del Diario de La Marina, enarbolando consignas de "ABAJO LOS VENDE PATRIA". Herr Degan trató de averiguar el motivo de la manifestación con un viejo mestizo que se aprestaba a recoger piedras de los alrededores con intenciones aviesas.
—Eh, amigo ¿Qué está pasando? ¿Por qué tanto repudio contra el periódico?
La respuesta fue agitada y colmada de ira:
"Es por Pepín Rivero, el hijo de puta dueño del periódico, que se niega a poner hoy la bandera a media asta por el aniversario de la muerte de Maceo ¡Vamos a darle candela al edificio, carajo!"
—Pepín, es el general Benítez ¿¡Se me ha vuelto usted loco!? ¿O se me ha contagiado con los sublevados del pabellón de Mazorra? «Requirió indignado por teléfono el jefe de la Policía Nacional al director del Diario de la Marina».
—Mira, "bonito", yo lo aprecio a usted mucho; pero no me venga a imponer que le rinda luto al negro de Maceo. En La Marina no se va a poner la bandera a media asta para congraciarse con unos cuantos que viven aquí de la cojioca «le respondió el dueño del rotativo».
—José Ignacio Rivero ¡Óigame bien lo que le voy a decir!: Los muchachos de la Radio Motorizada me están comunicando, que cada vez se concentra más gente a la entrada de su edificio, y que amenazan con asaltarle el periódico. ¡Seguro no voy a poder controlarlos, ni siquiera

dispersarlos!... ¡Ese lío no me lo voy a buscar por un capricho suyo!
—Al que entre aquí por la fuerza le meto un balazo, porque eso es un asalto a mano armada... ¿Qué quiere esa gentuza? ¿Lincharme? «Replicó histérico Pepín».
—Todo lo que está pasando es una provocación comunista, General. Allá ustedes que entraron en componenda con los comunistas, yo no. Transigir con un comunista es mil veces peor que transigir con un ladrón, sin que con esto yo quiera ofender a los ladrones.
—Mire, Pepín: con su posición se le puede joder el premio "Moors Cabot", que posiblemente le otorgarán el mes próximo... Allá usted. Por mi parte, yo voy a ordenar a los patrulleros la retirada del lugar. Después, si lo dejan con vida, no venga a decirme que no le advertí.
El tumulto que se había concentrado frente al Capitolio Nacional aumentaba por minutos, amenazando con destrozar los cristales de la puerta principal del diario. Era una situación de consecuencias imprevisibles. Una masa de pueblo a la que se habían unido los estudiantes del Instituto de Segunda Enseñanza pugnaba por arrasar con el periódico más reaccionario del país, frente a una fuerza pública incapaz de dispersar la manifestación que intentaba salvaguardar los valores patrios encarnados en la figura de Antonio Maceo, el "Titán de Bronce".
Cuando Pepín volvió a asomarse al amplio ventanal del edificio vio que la muchedumbre enardecida crecía por minuto, dispuesta a destruir el rotativo. El general Benítez no había exagerado, el peligro que enfrentaba era serio, por lo que reconsideró su posición; se volvió hacia uno de sus edecanes y, con expresión iracunda ordenó groseramente que se pusiera la bandera a media asta:
—¡ Ok, adoren al gorila de Baraguá!

Al ver izarse la insignia nacional, la muchedumbre comenzó a dispersarse, satisfechos de haber hecho prevalecer los principios y de manifestar toda su repulsa al archi reaccionario dueño del rotativo.

Controlada la manifestación, el General Benítez se preparaba para retirarse de la Jefatura, con el fin de hacerle una visita a su amante de turno, cuando su ayudante, Juan Iturrey, le pasó una llamada urgente de Ramón Corvo, el jefe de despacho del Presidente Batista.

—Dígame, Ramonín ¿En qué puedo servirte? «Contestó con afectada amabilidad».

—Aquí, pinareño, bastante jodido… con la presión arterial en el techo. Pero bueno, el momento no es para quejarme. Debes venir como un cohete para Palacio, hay una situación sumamente grave que no procede por teléfono. Además, estamos citando a toda la plana mayor. Te repito ¡Corre que jode para acá!

La voz del acólito del presidente era sombría; y la orden, de estricto cumplimiento. Se trataba de una reunión extraordinaria con Batista y el requerimiento se extendía a todos los jefes de los institutos armados, al consejo de ministros y a todos los congresistas.

Subametralladora en mano, el jefe policiaco abordó de inmediato su Oldsmobile negro, llevando detrás dos autos de escolta fuertemente artillados. En pocos minutos llegó a la mansión presidencial, donde ya se encontraban el jefe del ejército, Manuel López Migoya, toda la plana mayor y el pleno de los congresistas y ministros.

Avanzada la tarde, el Presidente Batista salió de su habitación palatina y se dirigió hacia la capilla, hizo una reverencia religiosa ante el altar y murmuró para sí: "¡Ayúdame!" Acto seguido pasó al salón de reuniones, donde ya lo esperaban los convocados, seguido por la pupila vigilante del Comandante Miguelón. Tras saludar, comenzó su alocución en tono patético.

"Los he citado con tanta urgencia porque hoy, 7 de diciembre, Estados Unidos ha sido atacado arteramente por Japón. Sin una declaración previa de guerra, aviones caza japoneses destruyeron totalmente la base naval norteamericana de Pearl Harbor, Filipinas y Hawaii, masacrando a mas de 2,400 personas, destruyendo 188 aviones y hundiendo ocho acorazados... Recién, el gobierno americano había mantenido una conversación oficial de paz con el Almirante Kichisaburo Nomura, lo que pone en evidencia la falta de escrúpulos y de principios de esa nación. Por ello, y a partir de este momento luctuoso, expreso a ustedes mi profunda desconfianza respecto a la situación internacional y les afirmo que nuestra suerte es particularmente incierta. No tengo otra alternativa que declarar el estado de emergencia nacional, e invisto al consejo de ministros de facultades excepcionales para preparar la defensa de la nación..."

Tras una breve pausa, notablemente embargado por la emoción, agregó:

— "El sentimiento de la libertad y la dignidad humana nos llaman a solidarizarnos íntimamente con el pueblo norteamericano y a declarar la guerra a la nación agresora. Así pues, con la brevedad, la precisión y el acierto con que debemos todos empeñarnos en proceder en tan críticos momentos, dejo formulada al congreso la trascendental demanda, declaró el estado de guerra con el Japón, confiando serenamente en que los esfuerzos de las naciones democráticas del mundo culminarán en una victoria, que permita para siempre la civilización humana. Se hace necesario «orientó» que vayan estudiando las medidas pertinentes por parte del Estado Mayor Conjunto de nuestras fuerzas armadas, para instituir el Servicio Militar

Obligatorio. Las autoridades policiales comenzarán las detenciones y la reclusión preventiva en Triscornia, y en el Presidio Modelo, de Isla de Pinos, de los súbditos de las naciones enemigas. La Marina de Guerra reforzará, junto con la Aviación, nuestras aguas jurisdiccionales en aras de preservarla de submarinos nazis. La Oficina de Control de la Policía Nacional, y los cuerpos represivos y de investigación de la nación, reforzarán al personal y lo adiestrarán en las técnicas de contraespionaje que coadyuven a la detección de agentes enemigos..."
El presidente de la República dio instrucciones para que al día siguiente se hiciera público el decreto oficial. Al conocerse la noticia, más de cincuenta mil cubanos desfilaron ante la embajada norteamericana para ratificar su solidaridad y apoyo a las medidas adoptadas.

Al día siguiente, martes 9 de diciembre, el tranvía V—3, Vedado—Habana, renqueaba con su intermitente tintineo y sacaba chispas de los troles por la Calzada de Línea, rumbo al paradero cercano a la desembocadura del río Almendares. Lunin se apeó en la última parada para llegar con puntualidad al almuerzo en el restaurante *Las Clavellinas*, próximo al torreón de la Chorrera, donde ya le aguardaba Herr Degan con otros oficiales del Abwehr.
—La situación se ha puesto extremadamente peligrosa para nosotros. El ataque a Pearl Harbor ha hecho que Batista declare la guerra a Alemania y a nuestros aliados «empezó por decir, notablemente preocupado, el jefe de la estación de espionaje». Pronto el contraespionaje estará que jode en esta isla, con el FBI y el MI6 metido hasta las narices. ¡Eso es positivamente cierto! Además de que todos los súbditos del Eje pronto serán internados hasta que ganemos la guerra.

Sus palabras fueron recibidas como un alud de sombríos vaticinios. El viejo no podía ocultar el ligero temblor de su mano, que disimulaba acariciando la copa de cerveza que había pedido antes que le sirvieran el almuerzo. Tras pasarse la servilleta por los labios, indicó con arrogancia:

—Siefried Becker será el que continuará nuestra misión en el caso de que yo caiga detenido, o tenga que abandonar el país; pero lo que no se puede admitir bajo ninguna circunstancia es que se detenga nuestra misión para el Reich. Lunin, usted seguirá informando sobre el movimiento marítimo, ahora no sólo de Inglaterra, sino de los americanos. Incluso, el de Cuba con sus desvencijados vapores, que le podrán servir a la *Kriegsmarine* de tiro al blanco. Buena noticia para nuestros submarinistas del área es que ya tenemos un refugio por Camagüey, cerca de la costa. Podría servirles incluso como hospitalito, y tenemos hasta un cirujano...

—Otro aspecto que debemos analizar «intervino Meyer», es el hostigamiento a que ya está siendo sometida la Auslandsorganisation en Cuba por Gert Caden y la pandilla de comunistas que le siguen. Este Caden pudo escapársele milagrosamente a nuestra GESTAPO, por lo que debemos eliminarlo a él y también a su mujer, entorpecen nuestra misión. ¡Bastante tenemos ya con las sesenta y siete bestias que integran el Frente Nacional Antifascista en esta isla! La NKVD, tanto la de aquí como la de México, los están apoyando y han hecho crecer su movimiento con italianos y austriacos traidores. En estos días estamos vigilando estrechamente a Ruth Herman, quien recientemente llegó de Europa con su pequeña hija. Un informante me comunicó que posiblemente sea también una "Resident" del aparato soviético.

—Y no les quitamos el cerco a Fabio Grobart y a Diego González Martín, el periodista del Diario Hoy. Sin duda, esos son agentes de inteligencia de los rusos. Eso es positivamente cierto «afirmó Herr Degan».

Heinz Lunin aprovechó para abordar uno de los problemas más candentes que estaban incidiendo en la red latinoamericana del *Abwehr*:

—He recibido información del primo Robinson, nuestro contacto en Chile. Se está trabajando para agrupar todos los frentes alemanes, contra Alemania en una organización central internacional que comprenderá Brasil, Colombia, Guatemala, Honduras, Venezuela, Panamá, Costa Rica, Santo Domingo, Bolivia, Ecuador, Argentina, entre otras naciones. El traidor alemán Ludwig Roenn propone a México como sede, lleva al traidor Caden como presidente del movimiento.

—Caden anda en este país con una bestia estúpida «puntualizó el oficial Siefried Becker». Me refiero a Werner Ottenheimer, un judío alemán, de 26 años de edad, natural de Stuugart. Según informó la GESTAPO, este bastardo emigró a Suiza, donde se graduó de Ingeniero en Zurich. Desde allí viajó a Francia, España y Portugal, recientemente llegó a Cuba con una visa de tránsito que le consiguieron familiares que tiene en Venezuela. ¡Menos mal que los nuestros apresaron a su madre y la ejecutaron de inmediato! Al menos, disfrutamos de la dulce venganza.

—Sabemos que los "*resident*" del NKVD están más aterrados por sus dirigentes, que con la GESTAPO. Viven purgándose entre ellos, y con zozobra que los citen a Moscú, porque no saben si es para darles una medalla de latón, o un balazo en la nuca «comentó festinadamente Herr Degan».

Capítulo 16

En tanto que los espías trazaban su plan de acción, en la Jefatura de la Policía Nacional de Cuba y Chacón, en la Habana Vieja, el General Benítez, discutía con su plana mayor el plan operativo de emergencia nacional. Estaban presentes: su ayudante, el oficial Iturrey; el comandante Mariano Faget, jefe del SIAE; el teniente Antolín Falcón, del Buró de Investigaciones; el comandante Carrero, y el Teniente Hernando Hernández Hernández, funcionarios de la Academia de la Policía; los capitanes Bousquet, de la Policía Secreta, Iglesias, de la Policia Judicial, Juan Padrón, jefe del Departamento Federativo de Investigaciones, y Orive, jefe de la prisión del Príncipe, el jefe de la Policía Marítima; los jefes de distrito, comandantes Quintana, Campos, Montpelier, Miranda, Proenza y Mudarra; y los jefes de las estaciones territoriales. A la reunión habían sido invitados el comandante Miguelón y el agente del FBI, R. G. Leddy, attaché legal de la embajada norteamericana.
"—Los fascistas, siguen campeando por toda Cuba... ¡Pero se les acabó la fiesta! Enfatizó el general Benítez. El Teniente Falcón debe salir cuanto antes con su gente para Isla de Pinos, y no a buscar cotorras, sino a cargar con todos los japoneses que viven allá. No me los confundas con los chinos, porque entonces me va a caer encima el narra del embajador Ti Tsun Li". Ocurrencia que provocó la risa de los presentes.
— ¿Los traigo presos para La Habana? «Preguntó Falcón con cierta inseguridad».
—No me vengas con esa, Falcón ¡Coño, me quieres llenar el Príncipe! A todos me los pones a buen recaudo en el presidio Modelo, que está en la misma isla «replicó el capitán Orive, jefe de la prisión habanera».

—Faget, tú vas a guardar a todos los italianos, alemanes y japoneses que andan por la capital. Pero primero, te me vas a Palm City y sólo deja allá a las mujeres y niños. Esa comunidad alemana, que me describes en tu informe tiene que barrerse del territorio cubano. Contacta al escritor Hemingway, quien puede darte bastante información de lo que ha acopiado con su invento del *Club Factory*, o club de los ladrones, para combatir las actividades quintacolumnistas.
—Ya desactivamos las oficinas del Partido Nazi, que desde 1939 radicaba en la calle 10 entre la 17 y 19, en el Vedado; y también la del Partido Fascista «señaló el comandante Faget».
— ¿Y cuál era la plataforma programática de esas organizaciones? «Preguntó el comandante Montpelier».
—Chico, nada menos que enviar a todos los negros para África, Haití y Jamaica; y que entregáramos los judíos a los alemanes «le contestó el jefe de la Policía Secreta».
—Buscad y hallareis, dice la Biblia. Si dejas con vida algunas semillas volverán a fructificar los frutos «enfatizó el Comandante Miguelón». ¡Hay que darle candela al jarro hasta que suelte el fondo! Como dice Tabernilla. Con esto quiero decir, que sacar de escena a todo este elemento es una medida activa de neutralización muy positiva

Después de una larga travesía, el vapor *El Pinero* cruzó entre los dos promontorios a la entrada del río Las Casas. Poco después, unos pitazos quebraron el silencio del atracadero y los pasajeros liaron sus bártulos preparándose para desembarcar al terminar las maniobras de atraque al espigón.
De manera marcial un tropel de policías desembarcó de la vieja nave, capitaneados por el teniente Antolín Falcón, que fue recibido en el muelle, por el alcalde Luis Gualda Royo, el

capitán Lucrecio Pantoja del SIR, el director del Presidio Modelo y efectivos del Escuadrón 44 de la Guardia Rural, pavoneados en sus alazanes con sus sombreros alones, enormes revólveres Colt 44 y sables plateados, célebres por los planazos que descargaban frecuentemente en las espaldas de los pineros.
Luego de los intercambios de abrazos con el alcalde y acompañantes, la caravana de jeeps y camiones tomó por las calles Bruno Hernández y Andrés Acosta hacia la comandancia. Aquella escena no dejó de alarmar a la pacífica población de Gerona, que curiosa averiguaba la causa de tanto alboroto. Hasta una vieja de nariz ganchuda comenzó a gritar por el parque de las Cotorras:
— ¡Llegaron los alemanes...!"
En una esquina de la calle Peralejo, el Teniente Falcón parapetado, con la carabina en mano, no dejaba de rascarse ante la embestida de jejenes que glotonamente probaban la sangre habanera.
— "¡Carajo, Prieto, coño, no te me regales en el medio de la calle! Que estos hijos de puta japoneses son ninjas!",
« Decía el teniente Falcón a uno de sus hombres que iba a arrestar a un japonés», que apaciblemente compraba verduras en el puesto de viandas de un paisano.
Cuando el agente le apuntó con la pistola, sólo atinó a decir el oriental":
— "¡Yo dekasegui, yo dekasegui!", mientras el otro vigilante le esposaba.
Santa Fe, Júcaro, y hasta el lejano Cocodrilo fue incluido en el raid, asaltando las cooperativas agrícolas de Masashi Yoshizawa y los Harada. Asaltos desaforados que se prestaron para hurtar las pertenencias más llamativas de los nipones, que desde hacía años residían en la isla: abanicos, una katana samurai, y hasta un uchikake ceremonial de bodas.

— "Sabia decisión la de nuestro presidente de poner a buen recaudo a todos los japoneses. ¡Mira qué atacar nada menos que a los norteamericanos!" «Comentó a los periodistas del periódico local, el alcalde Pinero, cuando fue entrevistado en el puesto de la Guardia Rural.
Mientras el teniente Falcón apoyaba sus palabras manifestando en voz alta:
—! Estos japoneses son kamikaze!" Lo que hizo gritar a un viejo japonés que tenían esposado en un banco:
— "¡Yo no kamikaze... yo verdulero!..."
El teniente Falcón en comunicación de larga distancia llamaba a la jefatura de la Policía, en La Habana, le comunicaba al General Benítez el cumplimiento de la misión:
"—Mi General, la operación "Sol Naciente ha terminado, reembarco con mis hombres en el *Pinero*. La mayoría de los japoneses los hemos internado en el Presidio Modelo, todos se dedicaban a labores agrícolas y la pesca. Igualmente, el sargento Vila me llamó por teléfono para informar que en Surgidero de Batabanó ha detenido a Hoijiro Tanaka, un japonés que intentaba trasladarse a La Habana. También, el jefe del SIR en la Isla me entregó copia del informe de una investigación, sobre un sospechoso siniestro, producido en una residencia del poblado de Júcaro, donde vivían un grupo de pescadores japoneses y una hermosa japonesa que se les había unido recientemente. En el incendio, al parecer producido por una explosión, se destruyó también un yate del mismo propietario del inmueble.
Junto con los japoneses fueron internados: italianos, austríacos y demás súbditos de los países del Eje; Algunos entraron en complicidad con los oficiales actuantes, untándolos con dinero lograron evadir el arresto. El Decreto Ley número 51 de 1934, previsto en el inciso 11 del artículo Primero "no cursa efecto cuando está de por medio

maletas de dinero" «como decía el sargento Isidro, del Buró de Investigaciones, conocido como el irlandés». Más quienes no tuvieron esa suerte, enfrentaron las penurias en: El Cocodrilo, La Fuente Luminosa, La Llana que son infernales áreas de trabajo del Presidio Modelo.

En la capital, el comandante Mariano Faget dirigió el operativo de internar en Tiscornia o en el Presidio Modelo a la mayoría de los súbditos del Eje, llegando a extremos de poner en sus calabozos a la famosa cantante Toña la Negra, "Porque no tenía sus documentos en regla"...

Capítulo 17

"—Señor, el oficial Gerard Mitchel ha llegado", anunció por el intercomunicador el secretario de Sir Howard Campbell, jefe de las oficinas del *HQ British Post Censorship Activity* y del MI6 británico, ubicadas secretamente desde 1940 en el hotel *Fairmont Hamilton Princess*, en las Bermudas.

El funcionario se puso de pie para estrechar la mano del oficial cuando este hizo su entrada. Gerard Mitchel era de baja estatura, nariz roma, labios finos, un tono grave de voz, usaba gruesos lentes montados en fina armadura de oro, que mitigaban su acentuada miopía. Independientemente del fluido Inglés que hablaba, el acento revelaba su procedencia germana. El oficial del MI6 era un judío alemán, ingeniero industrial que había logrado éxito en un negocio de silicatos en Berlín. Al producirse el movimiento antisemita en Alemania, sufrió junto a su familia vejaciones y persecuciones por parte de los nazis, y cuando su madre fue asesinada por los *SS*, colgándola de los senos con ganchos de carnicería, huyó hacia Inglaterra. Poco tiempo después de su llegada a Londres fue captado por Lord Stewart Graham Menzies, director del MI6, quien lo reclutó para la *Firma*, sometiéndolo a un exhaustivo entrenamiento. Su conocimiento de varios idiomas, entre ellos el español, su madre era madrileña, contribuyó a que se le asignase en primer término a la *Censorship Office* de Bermudas, y posteriormente al área operativa en América Latina. Aunque, dado su carácter hosco no tardó en ganar simpatías entre sus superiores. Muchas veces, sus sentimientos reprimidos lo hacían mostrarse hipercrítico, frío y arrogante.

—Ha caído un nuevo amigo que debemos encontrar. Un sujeto que envía cartas nostálgicas desde Cuba a la familia «señaló el funcionario, mientras extraía de un expediente una postal de felicitación con la estampa de una pareja de rumberos». Estos hijos de la raza sufrida no solo sirven para felicitar a las amistades, sino también para enviar a España mensajes con tinta simpática que detectamos fácilmente. Por eso, lo cité, amigo Mitchel, para que busque en La Habana a este cliente, con el apoyo de la Policía Cubana y del FBI.

El oficial del MI6 leyó el informe adjunto que había hecho el Departamento de Grafología:

"No he encontrado aun los informes sobre el cereal argentino. Las exportaciones aquí se hacen por Matanzas, Cárdenas, Caibarién y Santiago. La Policía y el Ejército vigilan.

Rafael B de Castro"

—Por lo que veo, ese es el seudónimo que utiliza, y está dirigido al señor Bienvenido Alegría, quien representa una firma en Gijón. Esa entidad es una de las tapaderas del Abwehr en España. Canaris dejó sentada toda una

organización con el apoyo de Franco; aunque a la larga está condenada al fracaso, porque la idiosincrasia de los españoles no tiene nada en común con los alemanes. Sabemos que este sistema de correspondencia con mensajes breves se usa para confirmar informes radiados. Los puertos que menciona el espía son referencias para que los submarinos acechen movimientos de buques aliados. El inoportuno escritor ya nos ha llenado todo un legajo. Los grafólogos tienen unas cuantas cartas de él, firmadas también por Manuel Álvarez. Es la misma letra. Esta tirando a Berlín bastante sobre el tráfico marítimo «apuntó el oficial del Servicio Secreto británico».
—Estoy de acuerdo con usted. Sin duda, son confirmaciones de transmisiones radiales. Espero que nuestros hombres estén avanzando con *Enigma*, lo que nos permitirá neutralizar considerablemente la amenaza submarina «convino Gerard Mitchel».
—Creo oportuno que salga tan pronto pueda para La Habana. A su llegada, nuestro embajador, Ogilvie Forbes, lo presentará a los funcionarios policiales cubanos.
Igualmente, le hemos avisado de la situación a Edgar Hoover, quien nos respondió que de inmediato asignaría el caso al agente especial del SIS que atiende Cuba.
—Los agentes policiales latinos no son los mejores para actividades de contraespionaje, lamentablemente... empíricos y venales. Por unos cuantos dólares serían capaces de colaborar hasta con el mismo Himmler. Salvo contadas excepciones, por su falta de capacidad, intentan resolverlo todo con torturas y golpizas «observó Mitchel».
—El FBI tiene allí a sus *tools pitgeons*. Díaz Versón es uno de ellos; pero el más destacado es el Comandante Mariano Faget, que dirige la Oficina de Control de la Policía. Le recomiendo que haga un acercamiento con el mismo.

Gerard Mitchel llegó a La Habana en abril de 1942, a su arribo fue a recibirlo el embajador Ogilvie Forbes, quien ya le había separado un auto Hillman y rentado un apartamento en el exclusivo reparto residencial Kohly. Una cena en la residencia del plenipotenciario en el Country Club, sirvió para presentarlo oficialmente al personal de la legación, acreditándolo como un especialista de Inteligencia que venía a colaborar con las autoridades policiales cubanas a fin de neutralizar las actividades nazis fascistas en el país. El día siguiente, el oficial del MI6 concurrió al despacho del agregado legal de la embajada norteamericana, ubicado en el Paseo del Prado número 212, con el propósito de reunirse con los agentes del FBI y funcionarios policiales cubanos, para trazar un plan que llevará a la detención del espía.

—Señores, el hecho no es nada sorprendente «comenzó por decir Leddy, el agente especial del FBI». El *Censorship Office* de Bermudas detectó que un espía está enviando información a Berlín a través de un buzón en España. Con nosotros tenemos la grata presencia de Sir Gerard Mitchel, oficial del MI6 designado para trabajar directamente con nosotros. No es sólo ese espía quien nos dará guerra, La Habana está minada de ellos; pero encontrarlos con los deficientes servicios que hay en la isla, es como buscar una aguja en un pajar.

Sir Mitchel intervino con voz gruesa:

—Estimo que los grafólogos serán la mejor ayuda que tendremos. Toda la correspondencia enviada a su receptor Bienvenido Alegría salió de la oficina postal número uno de esta ciudad en la Habana Vieja. Eso me hace presumir que nuestro hombre vive en la misma o la frecuenta.

—Cosa lógica «comentó el Comandante Faget». Es la zona portuaria. Un espía no se dedicaría a observar los estadios de pelota, sino la entrada y la salida de naves enemigas.

—El agente es alemán, señores, no tengo la menor duda «intervino Mr. Leddy» Lo estimo así, porque en un mensaje usó una expresión muy en boga actualmente en Alemania: "¡stratted!" Nuestros especialistas en criptografía de Washington estiman que se trata de una personalidad que puede presentar los siguientes rasgos: individuo romántico, intelectual, muy imaginativo, lento en sus reacciones, confiado, gusta de gratificarse y posiblemente arrogante, me dirán que es muy subjetivo, pero en infinidad de casos la técnica ha resultado tan acertada como los perfiles psicológicos que vienen estudiando nuestros expertos.

El General Manuel Benítez se rascó la cabeza con una expresión incrédula; que por la firma de una persona, se llegará como adivino de circo a conocer la personalidad. Sin embargo, el Comandante Faget, expresó con entusiasmo:

—Tremendo conocimiento aporta esta técnica. ¡Voy a tener que tomar un curso de la misma!

—No lo busquen entre los grandes, el objetivo que perseguimos está en lo pequeño. Su cubierta no debe ser ni española ni europea, porque si en este país se hace pasar por español, hasta los niños del barrio se darían cuenta del engaño. Por lo tanto, nuestro objetivo está encubriéndose con otra nacionalidad. Elemental, como diría Holmes «interrumpió el chino Israel Castellanos».

—Los especialistas tendrán que consagrarse en la zona postal de La Habana Vieja. No hay otro camino. El Comandante Faget debe ubicar junto con nuestros técnicos a un hombre de su departamento, para que mañana a primera hora empiece a entrevistarse con cada cartero y les muestre la firma de este Manuel Mercado, o Rafael de Castro, a ver si recuerdan la letra, o puedan dar pistas de alguna persona que relacionen con la firma. En fin; cualquier cosa que pueda ayudarnos. Haremos igual con los mensajeros de la Western Unión. Por lo demás, ya solicité el apoyo de la Air Force para que nos envíen un avión equipado con alta tecnología con el fin de detectar ondas radiales para ubicar la zona de transmisión. El director Hoover enviará al especialista Edwin Sweet acompañado de quince agentes para reforzar la misión en Cuba «concluyó el agente Mr. Leddy».

Los hombres terminaron la reunión con gran escepticismo acerca de la posibilidad de capturar al espía. Por eso, al salir de la Embajada, el Comandante Miguelon le comentó al Comandante Faget:

—Jefe, vamos a tener que empezar a dar unos cuantos gaznatones para encontrar al espía. De lo contrario, esto pica y se extiende.

Capítulo 18

Por aquellos días Lunin había tenido que ausentarse de La Habana para visitar a los colaboradores del *Abwehr*, en la finca Paredón Grande, en Camagüey, a fin de asegurar una madriguera para agentes en tránsito o tripulantes de la *Kriegsmarine* que se vieran apremiados de refugios; a su regreso no le fue fácil aplacar la crisis de celos de Olguita, que le reprendía por creer que su viaje era sólo una patraña para ausentarse de La Habana con una prostituta; de quien le habían comentado. Para mejorar la crisis, esa tarde decidió darle una sorpresa regalándole un ramo de príncipes negros y una caja de bombones finos, que servirían igualmente, consideró para endulzar el carácter avinagrado de la matrona Catalina Catalá, por lo que salió de la florería con el ramo de flores y la caja de dulces.

Al llegar al solar de Compostela, sintió de inmediato las miradas curiosas del vecindario. Tras la puerta de la vivienda se escuchaba sonido de voces que asoció con algún ensayo del canto de Olguita. Quizá la hora era impropia y pecaría de inoportuno interrumpiendo los quehaceres de la familia; pero su vehemencia era mayor por lo que golpeó fuertemente la aldaba.

Catalina Catalá y Valdés, exhalando el aroma de una colonia barata, apareció en la puerta con un tocado de encaje y vestida toda de blanco, y le saludó con expresión desabrida mientras lo examinaba de pies a cabeza.

—Buenas noches ¿Se le ofrece algo al caballero?

—Buenas noches, señora ¿Se encuentra la señorita Olga del Cristo?

— ¿Quién la interpela? «Preguntó la mulata arqueando las cejas y exhalando un aliento de aguardiente barato».

De repente y para asombro del propio Lunin, la augusta señora exclamó, más con pena que asombro:

—¡Ay, mi hijo, no sé dónde yo tengo la cabeza¡ Ya sé quién es usted... No me diga nada, es el productor de cine que tanto me ha hablado Olguita. Pero ¡Qué flores tan bellas le ha traído a Yemayá! ¡Y hasta dulces también! Pase hijo, que aun no ha comenzado la misa. Sí, ella me habló mucho de usted. Incluso, de que se parece a Errol Flyn, también me dijo que le encantaba el espiritismo. Ahorita mismo ella vuelve, salió a buscarme unas velitas. ¡Qué sorpresa se va a llevar cuando lo vea! Pero pase, y siéntase como en su casa. Luz Divina, chica, no te quedes allí embobada, acomoda al caballero, que es un amigo de Olguita, y sírvele cuanto antes una tacita de café.

Desconcertado ante la embarazosa confusión de Catalina, y sin atinar a sacarla de su equívoco, Lunin entró a la sala, bastante concurrida, donde se aguardaba por el inicio de un misterioso ritual para invocar a los muertos. Se acomodó en una silla frente a la mesa desde la cual se presidiría la sesión. La bóveda estaba cubierta con un mantel impecablemente blanco, sobre el cual se destacaban una copa de agua con un crucifijo, flores blancas, un ramo de albahaca y un pomo de Agua de Florida de Murray. Colgaba en la pared el retrato de un viejo Congo con el torso desnudo, sentado en un taburete y con un majá enroscado a sus pies. Era la venerable imagen del Congo Taita, el guía espiritual del panteón, según le explicaron. La reunión era un ajiaco de creyentes, con tendencias religiosas diversas. Había santeros, paleros, abakuás, y hasta católicos.

Repartiendo "olas, qué tal" entre los presentes, apareció Olguita con varias velas envueltas en un cartucho, y cuál no sería su sorpresa al descubrir entre los fieles a su enamorado. Quedó boquiabierta, y con una notable turbación regó las velas sobre la mesa. No fue fácil para él explicarle cómo había devenido en un invitado de honor de Doña Catalina Catalá y Valdés.

Mario el médium dirigiría la sesión, auxiliado por su esposa Panchita, la peinadora, que tenía en la barriada una clientela numerosa de mestizas con cabellos como alambres. Tan era, así, que cariñosamente la apodaba "peine caliente", por el arte con que apaciguaba aquellos pelos.

Mientras aguardaban el inicio de la sesión, los invitados se entretenían haciendo comentarios del barrio. Al notar que Lunin era extranjero, uno de ellos se acercó en busca de conversación. Con mucha parsimonia empezó a contarle sobre los orishas. Y para sazonar más su disertación tomó como ejemplo a Obbatalá; rebuscando en la memoria, se quitó los lentes y empezó a decir en tono ceremonioso:

—Obbatalá es la mismísima Virgen de las Mercedes, la dueña de todas las cabezas, la creadora del mundo, y representa también la bondad. Todo lo que es puro, sabio, apacible y compasivo es de ella. Es santa muy justiciera;

pero también guerrera. De todos los orishas, es la única que tiene doble camino, uno es de varón y el otro de mujer. En esta humilde casa se la adora, por eso hay tanto color blanco aquí regado, y el plato con merenguitos a los pies del altar.

Sin pedir permiso, otro de los fieles que estaba escuchando, interrumpió la conversación con el ánimo de cultivar también al advenedizo visitante. Con la majestad de un profesor, añadió:

—Las relaciones de los espíritus con los hombres siempre están presentes desde el principio de la humanidad. Los espíritus buenos nos llevan al bien y nos apoyan en las pruebas difíciles que la vida nos pone. Sin embargo, aquellos espíritus perturbados, o sea, seres oscuros, nos llevan al camino del mal, nos obcecan y entorpecen el entendimiento. El que piensa lo malo, por ley de atracción atrae lo malo. Por eso, todas las noches hay que invocar a nuestro espíritu protector y a nuestros guías. Muchas flores, vela y un vaso de agua para ellos. Cosa simple, nada más que eso.

En el aposento reinaba absoluto silencio cuando el médium Mario ocupó el asiento junto a la mesa para abrir la sesión, rezando un Padre Nuestro y la oración de invocación a los muertos. No faltó ni el tabaco ni el aguardiente, complementos indispensables de la apertura. El altar de la Caridad del Cobre, iluminado y lujosamente decorado con un manto amarillo lleno de lentejuelas doradas, realzaba la efigie de la patrona de Cuba, benefactora de la niña Olguita, con orgullo la identificaba su señora madre.

Mario cerró los ojos, tratando de que el Taita se posesionara de él. El ánima del Congo siempre llegaba puntual para darles luz a los hermanos. Con tono grave y solemne, los presentes concluyeron el rezo a los espíritus:

"Invocamos a nuestros espíritus guías, al divino espíritu de la Verdad, hermano San Francisco de Asís, virgen de las Mercedes, hermanita Matilde, siete potencias africanas, y a la comisión india.

Amén..."

Inmediatamente, el cuerpo de Mario el médium, fue preso de enérgicas sacudidas; en tanto, una negra gruesa y sudorosa, llena de collares de cuencas de vivos colores, levantó sus brazos frente a la mesa y dijo con dramatismo: "Omio Yemayá, Iya ami la teo ala marubo. Omi Iya awo yeda."
— ¡Yo dice la buena noche, cará! ...Jum... Sia, cará!! Enciéndanme la tabaco de mi caballo, ja, ja, ja...Yemayá está contenta, muchos espíritu bueno aquí. La conga Matilda ta lao mío y también saluda a to el mundo aquí. Hum..."
— "Buenas noches, hermano" «respondieron los presentes»
Al levantarse del asiento, Mario el médium, se apoyó en uno de los asistentes, que le sirvió de lazarillo en su torpe andar. "Por aquí Mario, por aquí", le indicaba a cada paso. De repente, una de las presentes comenzó a dar gritos espeluznantes, pues había sido "montada" por el espíritu de una mujer que se había suicidado dándose candela. Corría como loca por toda la sala tirándose de los cabellos, hasta que fue a dar de bruces sobre las piernas de Lunin. Empapado en sudores fríos y con los ojos desmesuradamente abiertos, el alemán se esforzó en vano por aquietar a aquella mujer que reflejaba los estertores de la muerte.
Olguita, visiblemente apenada, pidió permiso para acomodarse en un asiento al lado de su amado; le tomó la mano y le dijo en voz baja:
—No te preocupes, amor, estas cosas pasan, los espíritus son así.

Posesionado de Mario el medium, el Congo Taita empezó a despojar con un gajo de albahaca a la mujer, que seguía aferrada a los brazos del visitante y no cesaba de gritar invocando a Yemayá, seguida por un coro de voces piadosas que imploraban: "¡Misericordia, Dios mío! ¡Virgen santa, ampárala!".

Una vez exorcizado el espíritu de la suicida, el Taita continuó con Lunin, cuyas mejillas habían adquirido un tono blanquecino. Es entonces cuando se produce el momento más dramático de la sesión. Sin ocultar su enojo, el espíritu congo le dijo en forma imperativa:

— ¡Ponte de pie, cará! ¡Sia, cará! ¡Tú mismo! ¡Tú ser hombre de trapo niegro con calavera al frente! ¡Misericordia pa' ti! ¡¡Qué Dios te perdone, cará! ¡Oyá está con su remolino detrás de ti, y ya mandó a Iggú a buscarte. Orula, en nombre de Dio, dale el Idé!" «Al decir lo mismo», Mario el médium, lo cargó sobre sus espaldas para sacudirlo vivamente y propinarle varios pases con albahaca, soplándole por el cuerpo un buen buche de aguardiente.

El comandante del Führer no sabía qué hacer ni qué decir ante la inesperada situación: si seguía soportando aquello, o se marchaba de inmediato como alma que lleva el diablo. Le subieron las ganas a la cabeza, de ser posible, de ametrallar a Mario con su congo y a Catalina Catalá con la comparsa que arrastraba. "Nada menos que ese negro poniéndolo en ridículo ante Olguita" «Pensó para sí indignado...»

Ante la grotesca escena, la joven se echó a llorar delante de todos. No entendía el enojo del Taita con su enamorado, por aquello de "trapo negro con carabela".

Sin beso de despedida, ni siquiera un seco adiós, salió del solar el hombre de Bremen, maldiciendo a todos los santos del paraíso africano. A su paso iba dejando una estela de hojas de albahaca y pétalos de flores blancas. Para colmo, el café de Luz Divina le produjo abundantes cólicos en su camino.

Capítulo 19

"Al come mierda que se asome por aquí me le vuelan la cabeza. ¡Ni por casualidad quiero errores. Bastante tenemos con el japonés éste! «Enfatizó el Comandante Miguelón» a sus hombres, que ocupaban posiciones en Río Cristal para custodiar la casona colonial del antiguo recinto de las monjas de Santa Catalina de Siena, adquirido por Batista para convertirlo en nido de amor con su joven amante, Martica Fernández. El lugar era primoroso: un paraje rodeado de vigorosa vegetación que invitaba a la intimidad, sólo interrumpida por el trinar de las aves y el murmullo del río cayendo en cascada.
Por la rampa adoquinada apareció el carro del Comandante Faget, del que bajó desabrochándose el saco, cuyos botones importunaban su voluminoso vientre; detrás, subametralladora en mano, le seguía su chofer y guardaespaldas, el cabo Pedro Luis Gutiérrez. Cuando el jefe del Servicio Secreto de Palacio fue a su encuentro le preguntó antes de estrecharle la mano:
—Oye, Miguelón ¿Dónde tienes al cabron japonés, del que te alertó un agente mío?
—Lo tenemos esposado en la garita. Trabajaba aquí como jardinero y se hace llamar Santiago. Sin embargo, le encontramos un documento que lo identifica como Toshiro Morita, una foto donde se ve uniformado con grados de capitán del ejército japonés. Estaba retratando los alrededores del lugar, ahora está "el hombre" compartiendo

con Martica. El caso es que recibimos una llamada de un agente tuyo, dijo ser el chino, Li Choe, alertándonos sobre este sujeto «respondió al jefe del SIAE, que nerviosamente daba vueltas a un llavero con la mano».
—Yo fui quien lo agarró en el brinco, mi comandante. Y cuando iba a darle un planazo por el lomo, en un santiamén hizo volar mi sable por los aires. ¡Suerte que me dio tiempo a apuntarle con el revólver! «Intervino el Cabo Francisco Ramos, del Escuadrón 6 de la Rural», estaba apostado entre las cañas bravas del perímetro.
El cabo Pedro Luis Gutiérrez condujo al prisionero esposado hasta una patrulla para que lo llevaran hasta la jefatura de la Calle Sarabia.
Mariano Faget se ajustó los espejuelos oscuros y tomó del brazo al Comandante Miguelón para hacer un aparte con él antes de retirarse del lugar, confidencialmente preguntó:
— ¿Cuántas fichas de comunistas me tienes conseguidas? ¡Mira que este es un negocio serio! Puede convertirse en una cantera inagotable. Los americanos pagan bien está información... cuando se acabe la guerra, ¡Cuero con ellos! ¡Qué cojan ahora mango bajito! Ponle la carnada cerca para que tú veas cómo ellos vienen solitos y se enganchan el anzuelo.
—Oiga, hermano, yo conozco mi oficio. Le tengo montados varios topos al ruso de Grobart. Para mí es el más peligroso de todos; elude aparecer en público y deja de vitrinas a Blas Roca y al negro de Lázaro Peña «señaló el Comandante Miguelón» con seguridad.
—En eso estoy de acuerdo contigo «aseguró Faget». A ese hijo de puta ya le puse una "cola" y le tengo infiltrada entre sus huevos a una buena puta, que la tengo comprometida muy seriamente, porque yo me las sé todas. ¡Abraham Semionovich, el judío de Grobart, el hombre del Komintern... ¡Muy astuto, carajo! Se vale de una serie de

agentes reclutados por el Partido. Su socio era Salomón Meyer, otro chekista que mandaron para Argentina, donde felizmente lo mataron. Pero tanto él como Carlos Rafael Rodríguez y la pandilla del Frente Nacional Antifascista son ya plato fuerte del FBI. Pero nos hace falta encontrar a los clandestinos, a los maestros, como les llaman los rusos, te aseguro que los tienen ya sembrados en esta isla. No te das cuenta que Cuba está unida por un cordón umbilical con los Estados Unidos. Y después de la guerra, ¿Qué? Stalin es un caimán viejo, y sabe que se le va a virar la tortilla.

—No hay problema, Faget, yo voy a ponerme para eso con todos los muchachos del Servicio Secreto. Después acordaremos con cuántos billetes vas a bajarte por cada ficha de comunista que te pase «convino con un gesto de aprobación el jefe de la escolta presidencial».

Batista había regresado a Palacio justo para la cena. Su rostro reflejaba el feliz cansancio del encuentro amoroso con Martica. Lejos de ser un pasatiempo, la relación con aquella mujer cobraba para él matices profundos, y la necesidad de su presencia crecía constantemente. El accidente cuando la atropelló con su auto, le había puesto los santos en el camino, meditaba mientras firmaba los nombramientos y cheques que el ayudante Torrá le había dejado sobre el escritorio. Entre los documentos, atrajo su atención un pergamino lujosamente encuadernado; una sonrisa afloró en sus gruesos labios. Se trataba de la Fe del linaje de sus antepasados, que le habían fabricado a cambio de una fuerte suma. En ella se hacía constar que los Batista procedían de Aragón, de una honrosa familia que durante décadas había luchado contra los moros en el combate de las Justicias Mayores. Un miembro de tan encopetada familia había viajado a las Islas Canarias, y posteriormente viajo a Cuba para asentarse permanentemente allí. Al igual que los Zaldívar, de origen vasco y alcurnia castrense, habían sido dignos fundadores de encumbradas órdenes militares. "Con semejante genealogía, Martica se sentiría plenamente orgullosa de su estirpe de valientes y dejaría de sufrir burlas mordaces por su origen" «pensaba henchido de satisfacción», hasta que la voz del Capitán Torrá anunció por el intercomunicador una llamada telefónica de su hermano.

— ¿Quién, Panchín? «Inquirió al ayudante».
—No, señor presidente. Me dijo que es Ermerindo...
Por un instante Fulgencio Batista quedó pensativo. Se trataba del hermano esquizofrénico, con su inveterado delirio de comunicarse con los santos. Ya no sabía cómo quitárselo de encima. Vivía prácticamente confinado en el Cerro, entre sus orishas y cazuelas; pero, no sabía cómo había conseguido hacerse de su número telefónico directo.
—Dime, Ermerindo ¿Qué quieres? «Preguntó con notable indiferencia».
— ¡Sala malecum, hermano!
¡Malecum sala «le respondió Batista a regañadientes».
Lo que quiero es alertarte, mi hermanito. Hoy al atardecer me visitó Ifá, tú sabes; envolviéndome en una nube gris, como se pone el cielo cuando va a llover. Y entonces, Madre de Agua y Zambi me descorrieron el telón, como cortina de cine. Y fue cuando te vi sentado en un buró escribiendo, con tu traje blanco almidonado; pero había muchos hombres, que subían unas escaleras disparando y matando a tus soldados, y por ellas bajaba mucha sangre.
Sin responder ni una palabra, Batista tiró indignado el teléfono, cortando la conversación de cuajo, y llamó a gritos al Ayudante, que se presentó de inmediato en el despacho:
— ¡Torrá, Torrá! Carajo, cambia el número de este cabrón teléfono! ¡Y no me pase ni una llamada más de este loco de mierda! Y tan pronto sea posible prepárame un viaje a Topes de Collante, tengo que cumplir con la promesa que le

hice a mi hermano Juan, que en Gloria esté; mientras, manda un auto a la Calle Galeano y tráeme a Antonia González para que me dé una consulta… «Ordenó alterado al ayudante».

Capítulo 20

Aquel día el sol Caía a plomo en la Sierra del Escambray y la caravana militar que escoltaba al Presidente Fulgencio Batista hacia pujar los motores de los vehículos intentando subir la cuesta empinada. Veintidós kilómetros se había recorrido entre la ciudad de Trinidad y los ochocientos metros sobre el nivel del mar, donde se encontraba emplazada la construcción del sanatorio antituberculoso de Topes de Collante. Un paisaje de naturaleza fiera por las impresionantes vistas que se descorría desde los abruptos senderos de Guamuhaya, desde su cima regalaba el maravilloso panorama de la costa sur de Trinidad. La hacienda Codina, Guanayara, los Almendros, el Caburní, en colorida paleta se transparentaba con las vigorosas cascadas que caían en pocetas cristalinas, donde orquídeas, musgos, líquenes, helechos arborescentes, bosques de pinos, eucaliptos y teca, se unían al perfumado concierto de los girasoles mexicanos y las flores mariposas, emblemas de la patria.

El Comandante Miguelón ingeniosamente había conformado la comitiva que acompañaban a Batista: los médicos José Manuel Cortina y Juan Castillo; el meteorólogo, reverendo padre Gutiérrez Lanza; un grupo de periodistas; altos oficiales, cuales Gómez Gómez, Francisco

Tabernilla, y el comandante Bolet, jefe de ingenieros del Ejército; un pelotón de transporte y del Cuerpo de Señales, parte del Tercio Táctico de Las Villas.

Para las diez de la mañana, habían arribado al coloso de hormigón, que se erigía imponente entre el lomerío, Se sentía fría la temperatura, destacando al microclima de la región. A Batista lo recibió un fuerte aplauso de los numerosos trabajadores que acometían la titánica construcción.

—Gusto de tenerle por aquí, mi presidente «fue la bienvenida calurosa» del ingeniero Cristóbal Díaz que estaba al frente de la obra.

—Veo que marcha bien el proyecto. Te felicito Cristobalito, muy buen trabajo. Este sanatorio tiene que superar al de Davos, o al de Saranac Lake, en los Estados Unidos. Es lo menos que puedo hacer por el bienestar del pueblo cubano.

—El contacto con la naturaleza a gran altura es divino para el tratamiento de la tuberculosis. Aunque, no para todos los tipos de tan terrible padecimiento «aclaró el doctor Castillo».

—Este lugar es espléndido, al extremo que voy a hacerme un chalecito por aquí. Se dice que la altura conserva la salud «intervino el senador Hornedo».

—Bueno, si se trata de altura, aquí estamos a unos dos mil seiscientos cuarenta pies, o sea un poco más de ochocientos metros sobre el nivel del mar «precisó el comandante Bolet».

—La guerra nos está golpeando con los materiales y el presupuesto «manifestó Batista con preocupación». Hemos hecho una gran inversión, a despecho de muchos detractores; está obra que será testigo durante muchos años de las intenciones que anidan en mí.

Después de recorrer la instalación, a solicitud de los presentes el ingeniero Cristóbal Díaz hizo una descripción a

grandes rasgos del coloso de hormigón ubicado en la finca Itabo: "hasta ahora hemos utilizado en las diez caballerías de tierra que ocupa el edificio y sus áreas, 800 mil losas y azulejos blancos, 2 mil lámparas, 50 mil sacos de cemento, un frigorífico de diez mil pies cúbicos, acondicionamientos para diez elevadores que servirán para mover pacientes, camillas y carga entre los once pisos, sin contar la carretera que se ha tirado desde Trinidad hasta aquí".
—Cuando puse la primera piedra en 1936, «intervino Batista» tuve la visión de que esta obra perduraría como ejemplo de lo que puede hacer el país por nuestros enfermos. No por gusto, a poco de ocupar las altas responsabilidades que la patria me confirió, decidí organizarlo. Ya han pasado cinco años, la histórica marcha, aquel memorable 5 de junio del 36. Muchos de ustedes vinieron conmigo y hoy los vuelvo a ver, siempre contentos. Al igual que aquella jornada llena de vicisitudes de todo tipo, recuerdo que salimos a caballo desde el poblado de Manicaragua hasta aquí atravesando ríos y lomas, para colmo se despeñó una bestia que le cayó encima a uno de nuestros muchachos, y así, a pesar de lo penoso de su estado, aquel joven soldado se puso de pie para saludarme marcialmente. ¡Esos son los soldados septembristas! Hoy como oficial forma parte de mi escolta personal bajo las órdenes de nuestro querido Miguelón.
— ¡Fue muy duro lo que usted sufrió con su hermano Juan, señor presidente! «Enfatizó un periodista de la comitiva».
—Sin duda, algo muy doloroso. Ya había pasado por un momento de indescriptible dolor cuando murió Carmela, mi señora madre. Pero lo de mi hermano me sobrecogió profundamente. Tenía yo veinticinco años por aquel entonces. La enfermedad en pocos meses lo había minado. Lo más que pude hacer fue conseguir ingresarlo en el sanatorio La Esperanza, donde una madrugada murió en

mis brazos después de haber tenido una hemoptisis. Ya que él no tuvo un hospital digno para restablecerse ¡No quiero que mueran así los hijos de cubanos! Por eso usare de todo mi poder para construir esta inmensa obra...
—Nos emociona usted, presidente. Por eso, tenemos una sorpresa que perdurara para siempre. Se trata de un cuadro que le ha pintado expresamente el glorioso artífice del pincel, Armando García Menocal. Obra en la que aparece usted optimista y sonriente cabalgando con la tropa aquel memorable día de junio. Lo exhibiremos en el recibidor del sanatorio «anunció con júbilo el Comandante Miguelón».
Después de abrazar emocionado al artífice, se le ofreció un banquete a la comitiva, donde no faltaron ni manjares exquisitos, ni excelentes bebidas.
Tras el almuerzo, Batista hizo el guiño consabido a Miguelón para retirarse. De inmediato, el jefe de la seguridad personal con una señal empezó el desplazamiento de la escolta. Sonrisa batiente, abrazos y estrechones de mano fue la orquestación como despedida. Al abordar el jeep Batista le dijo al Comandante Miguelón:
—No olvides que quiero pasar ahora por la casa de Juana Pérez, la mujer en este lomerío que goza gran fama como espiritista. Tengo la intuición de que debo conversar con ella antes de regresar.
—Siempre lo tuve en cuenta, mi presidente. Ya establecí las postas necesarias. Usted tranquilo, todo bien...
El hogar de Juana Pérez en el recodo del camino era una casa humilde, pequeña pintada de blanco, colindaba al borde de la carretera en una de las zonas más empinadas del cerro. Un techo de tejas a dos aguas y dos columnas servían de soporte al portal. Al fondo, un terreno con una tendedera donde colgaban sábanas gastadas, y a pocos metros el místico manantial del que la curandera extraía el agua curativa.

El jeep vanguardia de la escolta en rápido giro irrumpió ante la casa de Juana, lanzándose los hombres del Servicio Secreto metralletas en mano vociferando con desafuero a un grupo de campesinos que aguardaban a Juana Pérez: "¡Arriba, arriba a largarse! ¡Afuera, se acabó por hoy la consulta!".

Con sus tetas voluminosas y cabellos encanecidos apareció ante la puerta, con tono imperativo dijo a la soldadesca: "¡Cálmense muchachos que no hay que armar tanto alboroto, para ganarse la vida! Y usted, presidente, desmóntese de la carroza y pase a esta humilde morada... ¡Hace mucho tiempo le vengo esperando para que tome el agua de manantial!"

Fulgencio Batista besó con respeto las mejillas de la mujer y entró a la casa acompañado por el Comandante Miguelón, que ocupó un rincón de la pequeña estancia, contaba con pocas sillas, una mesa cubierta con mantel blanco, florero con mariposas recién cortadas y un crucifijo de plata inmerso en una copa de agua.

— ¡Invoquemos a la "Presencia"! «Dijo en voz baja Juana Pérez, después de un breve preámbulo conversatorio». Haciendo la señal de la cruz; y tomándole las manos a Batista, le pidió cerrará los ojos. La respiración de la mujer comenzó a agitarse, hasta que su cuerpo tuvo un estremecimiento, comenzó diciendo con voz melodiosa:

— "Con amor y buena voluntad saludo a los presentes, expando amorosamente mis bendiciones del Rayo Violeta... Saludo a la hermana Juana, que me sirve como instrumento, con la gracia de Dios; a la comisión india con sus caciques guerreros que acompaña al visitante, y saludo igualmente al espíritu de Juan, apoyando lo que se construye en su nombre, razón de su caída temprana y causa de la construcción de esta obra para los humildes que tanto lo habían clamado...«expresó el ser haciendo un breve silencio, y continuo manifestando»: "Nada de lo que ocurre en la Vida y en las personas es por razón espontánea. Todo tiene un fin, no hay causa sin efecto, ni efecto que no tenga causa, tanto en el plano material como en el espiritual. Usted, en los capítulos de su vida será tildado de criminal... Fuiste el elegido para trascender el Karma de esta isla; mucha sangre verterá esta tierra; pero nadie mata, ni nadie muere en el escenario de Dios... y tras dialogar el espíritu de luz se retiró serenamente del cuerpo de la médium, pidiendo: Vayan en paz.

Juana Pérez lentamente fue abriendo los ojos y suspiró queda, con una leve sonrisa tocó la mano de Batista diciéndole:

— "Gracias, presidente por su visita a este rincón del rayo violeta, aunque tendrá que transcurrir trece primaveras antes que su hospital logre abrirse..."

Terminada la sesión, Fulgencio Batista frunció el ceño, se puso de pie y abrazó a Juana, mientras Miguelón depositaba bajo una copa un billete de cien pesos, alcanzó la puerta e hizo una señal de ponerse en marcha: "¡Arriba, muchachos, levantamos campamento!"

Ya de regreso, Batista le dijo al Comandante Miguelón:

— ¡Chico, no sabía que mi guía espiritual era un cacique piel roja! Pensé que era un Congo, por eso a partir de que llegue a palacio, quiero que todo su personal militar lleve un monograma con el rostro de un indio; pero eso sí, de un cacique americano".

—Como usted ordene, Presidente: ¡De ahora en adelante, Batista es el indio.

Capítulo 21

— "Bienvenida, madeimoselle. Por favor ¿Sería tan amable de llenar la tarjeta de huésped?" solicitó el carpetero del hotel Sevilla, regalando una sonrisa a la joven francesa, que con letra elegante llenó el registró como la baronesa Anie Fishman, ciudadana francesa, natural de Córcega y procedente de España.
Al sonido del timbre, un maletero cargó el pesado equipaje, acomodando a la recién llegada en una de las nueve suites del hotel, desde ahí podía disfrutar de la vista panorámica del Paseo del Prado y el Castillo de los Tres Reyes.
El Sevilla era uno de los hoteles elegantes de la capital habanera, con nueve pisos y trescientas cincuenta habitaciones. Su arquitectura, con numerosas arcadas y columnarias y hermosos mosaicos sevillanos le daban un aire morisco, por aquellos años la propiedad se le adjudicaba al famoso Amleto Battisti, representante de la mafia en Cuba.
Después de darle una generosa propina al maletero, y tras cerrar la puerta, la corsa se despojó de toda su ropa y corrió a la ducha para recuperarse de la larga travesía. Luego del refrescante baño, se tendió en el sofá, encendió un cigarrillo, acompañándolo con un sorbo de la botella de brandy que extrajo de su equipaje, y comenzó a pensar sobre la mejor manera de llevar a cabo el propósito que la había traído a La Habana. Por su imaginación pasaron aventuras tan descabelladas, que una sonrisa traviesa asomó a su rostro aniñado. Puesta en acción abrió su libreta de teléfonos y marcó el número del conde Rispolino Malacici, el contacto que tenía en mente para que la ayudara a realizar su ópera prima en la capital.

— ¡Io sono contento per parlare con Lei!, ha llegado el día perfecto. ¡Esta noche le darán una estupenda bienvenida! «Le dijo».

Anie Fishman colgó el auricular, ladeó la cabeza con un gesto de satisfacción y se mordió suavemente el labio inferior. El conde le serviría de embajador ante la aristocracia cubana. "¡Si la cosa se mantiene así, la corsa va a divertirse de lo lindo!" «Murmuró con el carácter conquistador de los nacidos en Ajaccio, la tierra natal del emperador Napoleón».

A las ocho de la noche la baronesa bajó al lobby del hotel, acaparando las miradas de los huéspedes. Vestía un elegante traje negro de atrevido escote, modelo exclusivo de confección parisina. Sus alhajas, de fina orfebrería hacían resaltar toda la majestad de su belleza.

El chofer del conde Malacici fue a buscarla a la carpeta y la condujo hasta el auto Cadillac, donde la aguardaba el aristócrata italiano.

—Diríjase a la residencia de la condesa «indicó al chofer luego de besar la mano de la reluciente damisela».

Todas las amistades íntimas de la famosa condesa Serrano se habían dado cita esa noche en su palacete para disfrutar del aniversario de boda de uno de sus allegados.

La regia mansión, ubicada en la zona más aristocrática del Vedado, estaba iluminada, el tupido follaje que se enredaba en la verja de hierro forjado impedía ver la planta baja, que sólo se mostró a la visitante cuando un portero, tan negro como su librea, abrió el portón para dar paso al vehículo.

El salón recibidor de la casona neoclásica había sido decorado apresuradamente con gladiolos de diversos colores; una refinada servidumbre se movía de un lado a otro para atender a los invitados que charlaban placenteramente en aquel ambiente rococó.

Cuando el mayordomo anuncio al príncipe Malacici y a la baronesa Anie Fishman, la condesa Serrano se apresuró a darles la bienvenida con un sonado beso en las mejillas. Como siempre, junto a ella estaba su inseparable amiga, la marquesa Antonieta de Aranguren y Picard, seguida por Miss Hubert, una bella inglesa que hacía pocos días había aparecido entre el círculo de los íntimos. En el ágape se encontraban los condes de Monterrón, Bailén, Gibacoa y Buenavista, y el vizconde Carnet de Mar. No faltaban tampoco la condesa de Santa Cruz de Mopoxm y otros personajes de alcurnia: Fanjul, Lobo, Fallas Gutiérrez, Mercadé, Pepín Rivero, Fraulein Sinter, y el galante Kemper Johnston, un belga que tenía por costumbre rogar a Dios para que Hitler no perdiera la guerra. También presente estaba con sus exóticos atuendos el afamado Husayn Bajá, un enigmático millonario árabe, a quien cariñosamente apodaban, "Sinuhé el egipcio".

Tras presentarles la francesa a los invitados, pasaron al salón donde la famoso soprano Mariana de Gonitch los deleitaría con su selecto repertorio. La baronesa Fishman aprovechó para acercarse al belga Kemper, que se deleitaba contemplando una pintura de Chartrand.

—En este cuadro el pintor intentó mostrar la campiña cubana; pero la iluminación y el colorido que le imprime al cielo hace evocar tierras ajenas.

—Encantada nuevamente de verle, mi querido Kemper. Hacía tiempo que no nos cruzábamos en el camino «dijo discretamente la corsa al apuesto belga».

—Oh, sí, fueron días muy emocionantes junto a usted, señorita Fishman, moviendo los hilos con relación al rey Leopoldo «respondió con cierto cinismo»

—Permítame decirle, amigo, que alguien considera que está en peligro de ser confinado en esta isla. Por eso le sugiero un nuevo lugar de residencia, digamos Lima.

—Yo también considero lo mismo, «afirmó Kemper». Un amigo me alertó sobre el comentario de un personaje muy popular en Cuba, para el cual soy un sujeto algo peligroso.
— ¡Ach, mein Gott! ¡Sería una catástrofe que usted fuera apresado! Por eso opino que debe abandonar cuanto antes este país. En Lima hay cosas muy lindas que ver, y estoy segura que allá no le irá mal. Incluso, el embajador Cúneo Harrison entregará al presidente Batista la "Gran Cruz de Brillantes de la Orden del Sol". Así que Perú está en alza, o sea, en un buen momento. A mí me resta obtener que nuestra atenta condesa intervenga con su influencia en las altas esferas de este país para que se mantenga la exportación de minerales desde Cuba hacia tierras amigas.
Cuando Kemper vio venir hacia ellos a la Serrano se despidió rápidamente de la Fishman, dejándola con la condesa, acompañada por Miss. Hubert, que no pudo resistirse a examinar las curvas del cuerpo de la francesita.
—Le decía a Miss Hubert que es usted una monada, rubia platinada, ojos como nuestro cielo y un cuerpo de curvas tentadoras, al extremo que me atrevería a invitarla mañana a una de nuestras "cenas faraónicas", con comida de Kobeba Shami, que nuestro amigo Sinuhé va a preparar con mi chef. Debe ser exquisita; y eso que él sólo se alimenta de dátiles y avellanas, pues, según me han contado algunas lenguas indiscretas, eso le sirve para mantener en forma a la suerte de cazón de tiburón que lleva entre sus piernas. Tiburón que tal vez podamos disfrutar después de la regia comida. ¡Sería algo alucinante, Mademoiselle Fishman! Emocionante, ¿no cree? Yo le mandaré a mi chofer para que la recoja sin falta. Solamente las amistades más íntimas y discretas estarán presentes. Sin comentarios...
Después de rehusar con delicadeza las pretensiones del príncipe Malacici para pasar una noche a la italiana, como le propuso al dejarla en el hotel, la corsa llegó a su suite y

lanzó todo su vestuario a la alfombra para acostarse, completamente exhausta después de tan agitado día.

Marcando las dos de la tarde, el Sedán de la condesa Serrano aguardaba a la entrada del hotel por la corsa, para conducirla nuevamente a la mansión del Vedado. Aquel mediodía la joven era un primor. Vestía un vaporoso traje que realzaba con elegancia sus atractivos, provocando los elogios de la condesa.

El comedor de la casona era sencillamente deslumbrante, una mesa rectangular para veinte comensales, copas de bacará, dos enormes candelabros y dos adornos florales que se reflejaban en un enorme espejo de siete capas. El Kobeba Shami era un carnaval de exquisitos sabores que finalizaba con el cordial. Acto seguido, la condesa Serrano invitó a los comensales a pasar a la famosa "cámara de las bacantes", recinto hermosamente decorado al estilo neoclásico, con esculturas de mármol de Carrara y pinturas del panteón grecorromano. Había divanes junto a las mesas con cestos colmados por racimos de uvas; y al alcance de la mano, botellas de las cosechas más famosas del tinto Chateau Laffite.
—Espero que ya sientan los efectos demoníacos del Kobeba Shami, y de los polvitos de mi cosecha, que le agregué a la salsa… «Dijo la condesa con una sonrisa cómplice, enardecida con los vapores del alcohol».
Sinuhé entró a la alcoba vistiendo un palio escarlata sujeto al pecho con un broche de oro. Lo seguía un joven con túnica y corona de laurel, que tocaba una flauta de carriza imitando a Pan, el dios de la fertilidad.
"—Amigos, debajo de cada asiento que han ocupado hay un sobrecito con un número. Sorteó los numeritos, abro el papelito…y que se ponga de pie el número nueve"

La francesita Fishman se puso de pie. Era el número premiado. La Hubson serviría de asistente del Diablo, según el juego. Al son de la flauta, comenzó lentamente a despojar a la corsa de sus ropas. La corsa podía asegurar lo que vendría atrás. Así eran las reglas del juego, se dijo para sí mientras bajaba los ojos fingiendo estar ruborizada, al tiempo que regalaba una dulce sonrisa a los espectadores que aplaudían rabiosamente por cada pieza de ropa que caía al piso.

Fraulein Sinter estuvo a punto de dar alaridos de emoción cuando el vellón de la corsa quedo expuesto en toda su acaracolada presencia. Como un comandante en el campo de batalla, la Hubson empezó a dar instrucciones:

—Ahora tú, Sinter, repasa todo el talle de la francesa. ¡Sométela al Nuevo Orden! «La alemana cumplió ágilmente la orden para posesionarse de la curva más sensible del cuerpo de la corsa, que sólo abría los ojos con cierto temor y asombro.

Todos, como en un ritual, fueron a lamer el cuerpo desnudo de la Fishman, que recibía aquello como un homenaje. Los participantes iban quitándose las ropas, y cuando el palio de Sinuhé cayó al piso se produjo una exclamación general. Al ver el tamaño descomunal del miembro, la corsa palideció y exclamó impresionada: "¡No, no, eso no...!"

Aquello era completamente descomunal, y a los ojos de la francesa lucía como le habían anunciado, cual un cazón. Pensó aterrada que introducírselo resultaría como parir en retroversión, y solo atinó a implorarles a los presentes que paralizaran las evidentes intenciones del egipcio.

Dando riendas sueltas a su sadismo, la condesa hizo oídos sordos a sus suplicas, repitiendo cual poseída por el demonio:

— "¡Tú puedes, francesa, tu puedes!"

La corsa pujaba para escapar de los brazos de la inglesa y de la alemana, que inmovilizaban fuertemente sus muslos a horcajadas, pero todo fue inútil. A la voz de "¡Avante, avante!" de la condesa, el impresionante pitón de la estirpe faraónica se abrió brecha triunfalmente en las entrañas de la corsa, que entre gemidos, escarceos y contracciones, fue la atracción principal de aquella tarde en la rosada "cámara de las bacantes".

Al regresar al hotel Sevilla, la corsa no podía borrar de su mente lo vivido. Milagrosamente no había tenido que correr en busca de un médico. Sin duda, aquella experiencia había marcado un hito en su historial sexual.

Desde aquel día, la corsa se hizo centro en el mundo de la rancia aristocracia habanera. Cenas, canasta party, visitas al Almendares y al Jockey Club contaban con su presencia, y no pocos caballeros se disputaban a la joven baronesa que había logrado desplazar a la marquesa Picard de al lado de la condesa Serrano.

Lunin salió de la pensión de Teniente Rey, y al tomar la calle Villegas, frente a la Iglesia del Cristo, se cruzó con un turista que le dijo risueñamente en perfecto alemán:

—Buenos días, señor Lumann. Desde Berlín, le envía saludos Hans de Dohnanyi. Por favor, suba al auto gris estacionado frente al frontispicio de la parroquia, para que converse con unos buenos amigos que aguardan por su presencia.

Lunin subió al auto, donde recibió secamente el saludo del chofer. Sin más palabras, el móvil tomó en dirección al Vedado, deteniéndose frente a una casa de dos plantas en la calle I casi esquina a 23, donde una sirvienta abrió la puerta. En la sala se encontraba la baronesa Anie Fishman, que se enfrentó a solas con él.

—Oficial Heinz August Lunin, soy la *Hauptsturmführer SS*, Johanna Swartz, de la GESTAPO, encargada de supervisar la regional latinoamericana. Seré breve con usted. En Berlín hay gran disconformidad con su trabajo, debido principalmente al gran atraso de las informaciones que transmite, que en su mayoría no tienen utilidad alguna. Se equivoca usted frecuentemente al utilizar los líquidos de tinta simpática. Donde tiene que usar el 1941 utiliza el 1942, lo que confunde y desespera a nuestro personal. Por otra parte, usted no vino a Cuba para andar en amoríos con una mestiza cubana. Dígame ¿Qué hace con el dinero que se le envía? En diciembre se le giraron mil quinientos dólares; en marzo, mil dólares más; y hace unos días, mil quinientos a su cuenta en la sucursal del Banco de Boston... Y no vamos a hablar de los tres mil ciento treinta dólares con que desembarcó en este país hace menos de un año.
—Verá usted, con ellos me instalé y monté una tienda de confecciones de ropa femenina. Se llama ESTAMPA MODAS. Tuve que realizar también otros gastos, hacer algunas compras y pagar agentes e informaciones. Además, se me fundió un tubo del transmisor, el 909 «Informó con evidente nerviosismo».
—No me venga con lo del tubo de radio, oficial «replicó con severidad la *Hauptsturmführer*». Siete mensajes escritos y solamente fue posible leer el primero y el último. Usted fue instruido para que escribiese con caracteres iguales; sin embargo, no habla nada de los embarques cubanos, ni de localización de barcos de guerra, ni de las instalaciones de San Antonio que están haciendo los americanos, ni de la bauxita de Guyana. Y eso que le mandamos avisos con el cónsul hondureño el 24 de enero pasado. ¿Qué es lo que está sucediendo, oficial Luman? Quizás se le olvida su gran responsabilidad con la patria. Revise y ejecute bien las últimas instrucciones que se le han enviado. Es de interés

especial del Centro que no haya errores. Escúcheme bien, solo dos veces llamamos la atención, dos veces. Por lo demás, debo decirle que hasta la fecha, y le repito lo de hasta la fecha, Mami y Humky gozan de muy buena salud junto a su tía; a pesar de que hay muchas privaciones en Bremen por la guerra. Cuide usted con su conducta, para que sigan gozando de protección y respeto. Eso es todo. Puede retirarse ¡Heil, Hitler!

Heinz Lunin sabía lo que significaban las últimas palabras de la *Hauptsturmführer*. La GESTAPO tenía tentáculos muy largos y era implacable en sus represalias, y mucho más si sospechaban traición a la patria. A partir de aquel momento, pocas veces la sonrisa afloraría a los labios del espía nazi.

Cuando llegó a la pensión, Delfina le entregó un sobre que le había dejado el cartero, José Francisco. Tan pronto entró en su habitación se sentó a la mesita que le servía de escritorio bajo el ventanal, despegó el punto final del segundo párrafo de la carta remitida por Maquinarias Industriales S.A. y lo colocó en una lámina para mirarlo en el microscopio. El mensaje procedía del alto mando del Abwehr y le ordenaba coordinar acciones con la red de Herr Degan para organizar una operación especial de la *Abteilung* II, destinada a asegurar el desembarco de veinte agentes en la costa norteamericana. Los mismos se presentarían como judíos que previamente estarían en Cuba, alojados en la finca refugio, en la provincia de Camagüey, donde recibirían las instrucciones finales. La operación especial estaría bajo el control directo del Mayor General Hans Oster.

Heinz Lunin sintió más calma por la preocupación que la supervisora de la GESTAPO le había provocado. Era evidente que la misión de apoyo que Berlín le asignaba ratificaba que aún el Centro mantenía confianza en su integridad como oficial del Reich.

Capítulo 22

—Pon dos cervezas aquí, pero que estén bien frías ¡Ah, y repite y pon camarones! «Pidió el marino Jorge Luis de la Torre al cantinero del bar Puerto Chico mientras conversaba con su compañero del vapor Manzanillo.
— ¿Qué me cuentan los hermanos de la costa? «Saludó amablemente a los marinos», cuando apareció el afable polaquito
—Pues, amigo, parece que como navegantes nos queda poco «le replicó Jorge Luis con cierta desazón». Acabamos de salir de una reunión con la Naviera Cubana y el Sindicato de Fogoneros: la patronal nos ha negado abonarnos el seguro de vida, precisamente con la experiencia que tuvimos regresando a La Habana.
De inmediato, la respuesta del marino movió la curiosidad de Lunin, que se apresuró a preguntar:
— ¿Cuál fue la tragedia, amigos? De sobra conocen la preocupación que tengo siempre con ustedes y sus viajes hacia países en guerra.
—Sin que lo comentes, polaquito, para que no cunda el pánico «intervino Torres», resulta que, a pocas millas de La Habana, nos emergió a estribor un submarino alemán. ¡Puedo asegurarle que en ese momento se me pusieron los huevos de corbata! Tenía visible en la torreta el número 508. Con una bocina un alemán, al lado de su capitán, nos dijo en un español enredado: "cubanitos, esta es una advertencia, solamente una vez. No sigan transportando mercancías para los Aliados, porque los vamos a hundir"... Y todavía nos niegan el seguro de vida. ¡Por eso nos vamos a la huelga, compadre!
Mientras en el bar Puerto Chico tenía lugar esa conversación, en el hostal Valencia, en la Avenida del

Puerto y San Ignacio, el Comandante Miguelón jugaba al cubilete con un ñáñigo de su mismo plante, a quien, por lo negro, le llamaban "azabache". El comandante era uno de los más acogidos en el juego abakuá, considerado como hombre y amigo, un hermano con quien la potencia siempre podía contar, aun en los trances más difíciles. Con su inseparable boina, gafas oscuras de armadura de carey, reluciente Rolex, y vistosa cadena de oro con medallón de San Lázaro, se entretenía batiendo el cubilete entre vasos de cerveza, haciendo tiempo para trasladarse al templo donde tendría lugar la iniciación de su ahijado.

—Pídele a tus santos aché, pa' que me ganes esta mano, compadre, porque estás osorbo... «Le dijo jocosamente al hermano», que batía con energía los dados intentando ganarle la partida, mientras invocaba entre labios la buena suerte:

— "Obatalá quiere eyelé".

—Miguelón, a mí no me van a ñampear, asere «le aseguró en tono preocupado el Isué de su Juego». Te voy a confesar un secreto, porque tú estás juramentado como yo, la otra noche conversé con el *Señor de las Tinieblas*, fue en la madrugada cuando le llevé un gato negro al cementerio, allí mismo arranqué un matojo de yerbas de al lado de una tapia, y con los huesos de un muerto que llevaba pinté un círculo con yeso blanco; sentándome en el medio. Entonces comencé a estrangular lentamente al gato y cuando empezó a maullar, dije en voz alta: ¡Satanás, Satanás! Al momento se me aparece en la mente y me pregunta "Que me vas a dar de comer?" Le respondí, que un sapo gordo... Ahí mimitico rompió a reír; y se puso contento. Sí señor, me firmó el trato. Eso sí, se lo firmé con sangre, porque yo soy mayombero ¡Coño! ¡Yo soy abakuá! ¡Mira pa'cá la cortá que me di en la muñeca!

—Tú, tranquilo. Yo no voy a dejar que por ese bocomero te lleven al talero. Tú eres un Isué, el obispo de mi plante, y nadie de otro Juego va a tener cojones para tocarte «le aseguró Miguelón, palpándose con arrogancia la culata de la Colt 45 que portaba en la cintura».
—Menos mal que eres de la embocobi, y con la policia de Batista no se juega, esa es mi tranquilidad: pero si llega a pasarme algo, hermano, tú me vengas y me ayudas a los chamas y a mi mujer: aunque yo confío mucho en el ebbó que me hice... ¡Estoy bien trabajao! El Encamina del templo me despojó hace unos días bajo la ukano beconsi del plante. Y esa ceiba tiene poder, tú bien lo sabes. Pero no voy a quedarme así. El domingo al amanecer voy a tocarle la puerta al hijo de puta ese. Y cuando la abra, le voy a arrojar cal a los ojos, pa' cegarlo. Así yo soy, hombre ranqueao a todo ¡Jamás un yankuní! ¡Quedar como maricón, nunca!
—Sí, ácido con él, tírale mucha cal en los ojos. Y también le arrojas un bastón. Así ya sabe lo que le espera, caminar por las calles con un perro lazareto «incitó el Comandante Miguelón».
—Santa palabra, hermano. Por eso tú eres, el médico, el Nasacó, el adivino de nuestro Juego. ¡Zambia arriba y Zambia abajo, carajo!
—Bueno, échate el último buche y vámonos al plante, que hay que estar puntual para la iniciación de mi ahijado. Es un subordinado mío, el sargento Alberto Virelles, un tipo hombre a todo. Lo tengo destacado en la escolta de palacio. Vino de Banes, donde trabajaba en la Mamita Yunay. Creo que es una buena captación para el Juego. Ahora levantemos campamento.
Ya en el Juego, Miguelón le planteó al Mocongo del plante la preocupación que había con los sindicaleros del puerto, quienes estaban creando a la patronal de la Naviera una situación muy incómoda. Consideraba que detrás de ellos

estaba la mano de los comunistas, interesados en desestabilizar el orden y la tranquilidad ciudadana, tan necesaria en los tiempos de guerra que se estaba viviendo.

—Cualquier cosa les viene bien «argumentó Miguelón al Mocongo» para que llamara a capítulo a los hermanos que se prestaban de comparsa para las agitaciones sindicaleras en los muelles.

—Pero, Miguelón, muchos fogoneros y marineros también son abakuá. Ten eso presente. Los marineros de los vapores Oriente, Habana, Cuba, Manzanillo y Santiago de Cuba, lo que están pidiendo a los armadores es un aumento de salario, un seguro de vida, por estar navegando en aguas infectadas de submarinos nazis. Algo justo. Al final les tendrán a esos hombres que aumentar aunque sea algo.

Una plegaria impuso silencio en el salón, dando inicio a la ceremonia. Se pedía permiso al sol, a la luna, a las estrellas, al espíritu del viento, a las nubes y al espacio.

"Entomiñán afomá sere ebión endefión umbrillo atrogo boco maaire namumbre aché ebión asere uceno beconsí entominán. Sanga abakuá".

El Indiobón Mosongo condujo al debutante, desnudo hasta la cintura, descalzo y con los ojos vendados, ante la ukano beconsí, la mítica ceiba, para presentarlo a los orishas. El Morúa se arrodilló ante el robusto árbol y saludó al cielo y a los astros, roció el tronco con un buche de aguardiente bebiendo de otra vasija un sorbo de vino seco y volvió a rociar la planta con un enérgico despojo con un ramo de albahaca. Luego, un hisopo mojado con agua bendita de una iglesia sirvió al oficiante para continuar el rito ante la ceiba.

Después de las aspersiones comenzó un sahumerio y se trazaron en el árbol los signos sagrados abakuá, ocasión que

aprovechó otro oficiante, el Ecoumbre, para presentarle un gallo a los astros. Desde una esquina, el hermano Yansa empezó a convocar al Ireme Eribangando, que apareció con traje escarlata y máscara negra al ritmo de tambores con una florida coreografía, recreando la procesión con el sonido de las enkanikas, las campanillas sonoras al cinto. Entonces, tomó un gallo que portaba y se lo pasó al neófito por todo el cuerpo, obligándolo con enérgico movimiento a postrarse ante la ceiba.
Puesto de pie el iniciado, el Morúa Engomo comenzó a rayarlo con un yeso, dibujándole cruces en la frente, la cabeza, el pecho, las manos y el empeine de los pies. Seguidamente siguió la procesión hacia el fambá, a cuya entrada rezaba la advertencia: "Lo que usted vea aquí, lo que usted haga aquí, lo que usted oiga aquí, cuando usted se vaya, déjelo aquí."
Un lavatorio de manos, junto al descabezar del gallo con los dientes para verter su sangre sobre el tambor, hizo sonar el Ekueñón con tres golpes secos, mientras exclamaba: "¡Ekueñón besún can suabasí! ¡Ya yo, ya yo!".
Finalmente, con un caracol se emitió un sonido bronco cual mugido de vaca, que sobrecogió a la cofradía. Había llegado el momento cumbre, el más sagrado, con la inmolación de Sikanékue, acompañada por un impresionante toque de tambores, permitiendo que se manifestara el Dios abakuá.
Fue un ritual solemne, una sacrosanta consagración para el nacimiento de un nuevo Indisime en el Juego.
Felicitaciones y gran brindis entre redoblar de tambores de la sociedad centenaria.
"—Eri ekobio, monina anga" «felicitó efusivamente a Miguelón» su ahijado que integraba el Fundamento y añadió con solemnidad:
—Abakuá no es cobija de asesinos, sino de hombres que se socorren mutuamente, protegen y ayudan. Años de

desprecio, discriminación y maltratos de los blancos que hicieron llorar a nuestras abuelas y a nuestras madres conllevaron una respuesta viril a sus ofensas y la respuesta de sangre a quiénes nos despojaron de nuestra tierra y familiares para bañarnos en un holocausto de horror y de miseria.

Entrada la noche, Miguelón de regreso a su hogar, conducía su auto por la esquina de Romay y Cristina, cuando vio a altas horas de la noche caminando por la acera a Mireya, una joven prostituta, conocida como *nalga linda*, una santiaguera recién captada por doña Marina, la famosa propietaria de los más lujosos lupanares habaneros.
—Oye, muchacha ¿Qué haces a estas horas exhibiéndote por las calles? ¿Qué pretendes, salir en la página roja? «Gritó desde el auto» a la prostituta novata.
—Coño, Miguelón ¡Qué ángel te mandó a mi encuentro! «Respondió la mujer con alegría». La ramera no podía disimular el susto que atravesaba en la soledad de la madrugada, y precisamente en una zona tan marginal de la ciudad. Su carita de niña, cabellos rojos ensortijados, y una cintura de avispa que daba paso a un incidente nalgatorio en el espacio, le había ganado el merecido apodo de nalga linda, apelativo que en la profesión le costaba chillar con cada cliente que pagaba por disfrutar de sus bondades.
—Nada, Migue, que mi chulo se encabronó conmigo y me bajó del auto. ¡El muy hijo de puta! Ya yo estaba erizada. ¡Muchacho, que aquí a estas horas por una peseta te cosen a puñaladas! O capaz de que me hubieran puesto a mamarle el rabo a una fila de zarrapastrosos de este lugar.
—Tú tranquila, todo bien. Te voy a llevar a mi casa; primero te invito a tomarnos una sopa china y un arroz frito en la plaza de Cuatro Caminos. A cambio, me voy a comer a besos esas nalgas que te han hecho famosa.

De madrugada, la Plaza del Vapor era una parada obligatoria al regreso de las farras de los centros nocturnos de la capital. Con la sopa china, el arroz frito especial, maripositas y el puerquito ahumado, los cocineros chinos se habían hecho una asidua clientela al saludar el alba. Los visitantes ocupaban las banquetas giratorias del mostrador, aguardando ser servidos por los malabares del sabor, absortos en su trabajo y circunspectos en el trato.

Guayaberas almidonadas de hilo y trajes de dril cien eran la estampa de aquellos elegantes caballeros acompañados por damitas que, con voz melosa, clamaban por sus platos.

—Siéntate y pide sin pena lo que quieras, cosa de que estés despiertica cuando te lleve a la cama «dijo Miguelón a la mujer», sonriéndole el floreo. Iba a continuar con sus mañoserías cuando vio ocupar las butacas de enfrente al teniente Antolín Falcón, el jefe del Bureau de Investigaciones, y a dos de sus oficiales.

— ¡Eh, Antolín, no me digas que eres saliente de guardia! «Gritó al oficial».

—Dichosos los ojos que te ven, Miguelón. ¡Por alto que vuela el aura siempre el pitirre la pica! Te veo bien, con Mireya, la pájara linda de la madrugada.

—Sí, teniente, a estas horas esto es un regalito de Dios, por lo bien que me porto. ¡Lo que uno quiere, otros lo ruegan! «y diciendo lo mismo, le pidió a nalga linda que se levantara de la banqueta y se pusiera de espaldas para mostrarle el voluminoso trasero a su compañero».

—Mira pa'ca, Antolin «dijo tocándole las nalgas a la meretriz». ¡Y tú que me decías que el Yayabo no salía más!

De pronto, el chofer del jefe del Buró de Investigaciones se presentó agitado para comunicar: "Jefe, la planta de radio está comunicando que todos los mandos se presenten urgentemente en la jefatura ¡parece que ya ubicaron al tipo...!"

"Tu oíste, Miguelón. ¡Se rompió el corojo!" «Exclamó el oficial con entusiasta sonrisa, mostrando el diente de oro...»

Capítulo 23

El reloj de pared en el salón de la embajada norteamericana marcaba las diez de la mañana; se encontraban reunidos: Edgard Sweet, Claire Spears, el agente federal Leedy, Gerard Mitchel, de los servicios secretos de los Aliados y representando a Cuba el Comandante Mariano Faget, el Comandante Miguelón y el Capitán Hernando Hernández, subdirector de la academia de la Policía Nacional, este último jugaba un papel importante con los alumnos de apoyo en las actividades de chequeo y vigilancia.
Comenzó el agente Mr. Sweet:
—El cerco al espía que atrae nuestra atención se estrecha cada día, pronto caerá en el cuadrilátero golpeado por nuestros hombres, ciertamente y con el apoyo del personal policíaco que ustedes dirigen, ya vamos armando el muñeco con los informes que me reporta el Hedquarter, y por supuesto nuestros amigos de la Inteligencia aliada. Revisemos, escalpelo en mano, la historia clínica de nuestro hombre: Heinz August Lunin, arribó al puerto de La Habana en el vapor de pasajeros *"Villa de Madrid"*, el 29 de setiembre del año pasado, se hospedó varios días en la habitación número 8 del hotel Lincoln, después pasó al hotelito *Siboney*, ubicado en Prado y Virtudes. En ambos hoteles se registró con el pasaporte número 32, registró 87, los datos del documento son: ciudadano hondureño, natural de la isla de Utila, tiene 29 años de edad, nació el 28 de

marzo de 1911. Según declaró es soltero, y de profesión comerciante.

—Ya estuvimos en el hotel Lincoln «intervino Mariano Faget», supimos que el catalán Ricardo Dotres, empleado de los Laboratorios OMS de la Calle Cuba, llevaba hospedado en ese hotel desde hacía meses. Al parecer se unió a Heinz August Lunin, desde su arribo a La Habana. El catalán recientemente abandonó el país, salió por el aeropuerto de Cienfuegos, dejó incluso en la habitación del hotel una maleta con pertenencias. Se despidió de algunos trabajadores en la instalación, les dijo que viajaría a Manila para ayudar a su padre, que fue arrestado por los japoneses. Lamentablemente, se nos escapó el personaje.

El agente especial Mr. Sweet se ajustó los lentes y se alisó el mechón de pelo castaño que caía sobre su frente, y continuó informando:

— Desde Washington, me informan que bajo el nombre de Heinz August Lunin, está registrada una estancia en Panamá, allí contacto con un alemán de apellido Müller, posible agente del Abwehr. Igualmente, se sabe que pasó por la República Dominicana, e incluso en New York se encontró su nombre registrado en el hotel *Ymca*. En 1936 en Manhattan, contrajo matrimonio con la ciudadana norteamericana Helga Bárbara Bartholome, quien vivía con su tío un dramaturgo famoso, quien hizo una pieza para Fred Astaire. Tiempo después la pareja embarcó hacia Alemania. Recibimos informes de Inteligencia, que los familiares de Lunin en Alemania son adinerados, residen en una gran mansión en la Calle Altelandstrasse Nro. 62, en Hamburgo, Altona.

—Nuestros hombres continúan con la labor de identificar firmas en las oficinas de correo de la Habana Vieja «informó el teniente Hernando Hernández Hernández». Empezamos por esa zona postal, que es la más cercana al cuadrante reportado por el avión rastreador de ustedes, además, las cartas y el sello postal de rumbero, detectado por el *British Censorhip*, de las Bermudas, vienen con el cuño de esa zona. —Señores, les repito «enfatizó Mr. Sweet», el espía Lunin tiene sus días contados. Nuestra cacería cobra fuerza cada día. Mañana se nos unirán quince agentes especiales, enviados por nuestro director Hoover. Por su parte, Faget ha reforzado el SIAE con agentes y dos oficiales experimentados: siendo ellos el oficial francés Phillipe Grouseet, quien representa a De Gaulle en Cuba, y un chino Li Choe, del *Kuomintang*, que en La Habana, pasa por enfermero de una médico de ese país, quien tiene su consultorio en el barrio chino de Zanja. A este chino lo presentó el embajador Ti Tsun Li, para ser colaborador nuestro, entrena en defensa personal al cuerpo de Policía. Ha sido muy eficaz deteniendo a japoneses, haciéndose pasar por chino.

El oficial Heinz August Lunin había recibido la orden de abortar la misión de introducir en Cuba al grupo de agentes del *Abwehr*, quienes desembarcarían de un U-boat en la costa de Camagüey, posteriormente serían infiltrados en los Estados Unidos, haciéndolos pasar por judíos. Además, había armado poco a poco su tinglado, conformó la agentura del *aparato* de espionaje nazi en Cuba, utilizó una red de *"buzones"*, entre ellos: las hermanas Betty y Bárbara Hidrich, Francisco Saborelly, Franz Habetter, Conrad Fullon, Heinrich Abrahan, Agustín González, Luis Ulbrich Mayer, Francisco Huger, Eris Wishmann, el Dr. Fernández, David Izquierdo, Belarmino Álvarez, Salvador Álvarez, Teodoro y Julius Alexander Gid y José Gandrisevits. También contaba con algunas prostitutas habaneras, quienes día a día iban engrosando su agenda. La prostituta Gertrudis Montpelier le facilitó un grupo de cartas náuticas, que guardaba de su ex marido, oficial cartógrafo de la Marina de Guerra cubana.

El domingo a mediodía el sol castigaba con fuerza. Para Lunin, el calor era sofocante verdaderamente. Ponerse de cuello y corbata, a veces le parecía una refinada tortura que la GESTAPO aún no había descubierto. Sin embargo, la etiqueta exigía que concurriera de traje o guayabera a los *Jardines de la Tropical*, donde Olguita actuaría como cantante invitada del Conjunto musical de Armando Valdespí.

A las tres de la tarde, una hilera de lujosos Cadillac alquilados en la piquera de la Plaza de Cuatro Caminos, desfilaban por la Calzada de Puentes Grandes, para dejar a sus pasajeros en la puerta de La Tropical. Hombres, mayormente mestizos, con guayaberas de hilo o trajeados de dril cien, le abrían la puerta del automóvil a sus damiselas «vestidas la mayoría de color rosa y azul», bajaban como flores, exhalando su fragancia de perfumes barato.

La vegetación de los jardines de la Tropical, se reflejaba en los ojos verdes de Olguita, aquella tarde la hacían irresistiblemente más bella. El salón donde tenía lugar el matiné bailable, era amplio, acompasados abanicos mitigaban la temperatura que hostigaba a los asistentes, la cerveza de barril y las célebres empanadas gallegas se expendían por decenas.

Olguita subió a la plataforma y tomó el micrófono para presentar la actividad, hizo que los asistentes comenzaran a bailar en cuanto rompió la tanda musical con la sandunga de un danzón.

Mientras continuaba el bailable, la joven hizo un aparte con su pareja, que degustaba su bebida en una jarra de *"laguer"*, como llamaban en Cuba a la cerveza de barrilito.
Con cierta angustia, le dijo:
—Yo sé que tú no crees en estas cosas; pero, ya van dos veces que a Mamita se lo advierte el Congo Taita: ¡Oyá está agarrándote por el brazo!
—Cariño, la única que me está tomando por el brazo eres tú «le respondió Lunin sonriendo».
—No, mi amor. Ella es la dueña del cementerio y los entierros. El hermano Mario me llamó para decirme que el espíritu del Congo Taita le alertaba de nuevo, porque vio detrás de ti a Oyá con su cinta en el pelo y la saya de pañuelos colgantes de nueve colores, que te seguía, haciendo mucho ruido con las semillas de flamboyán
—No me explico cómo puedes creer en esas supercherías ¿Que esclavos de pueblos incultos arrastraron consigo? Cuando se cumple lo que profetizaron es solo coincidencia. Si de algo estoy convencido es de que nadie se muere en la víspera «avaló filosóficamente», tratando de hacerla razonar.

Mientras Lunin recibía en los jardines de la cervecería las inquietudes de Olguita. A unos ocho mil kilómetros de distancia, el almirante Karl Doenitz releía el mensaje que recibió en código de Morse: SOS (· · · — — — · · ·)

"Llamado de auxilio, explosión accidental a bordo; imposibilidad de navegar sumergidos por más de tres horas... desplazamiento cinco nudos máximo. Dos tripulantes están heridos de gravedad. SOS blanco fácil del enemigo. Posición actual altura del faro de Maternillo, en Camagüey.
Capitán Erwin Rostin
U-boat 158"

Karl Doenitz, llamó a su ayudante, ordenando de inmediato el rescate de la nave, operación que pidió apoyara el Abwehr. Sin perder tiempo, se transmitió instrucciones al agente Carlos Robinson en Chile, para que pasara el informe a la *Estación* base de La Habana quienes se ocuparían de la situación. De esa manera se puso en marcha uno de los más extraordinarios operativos del *Servicio Secreto* alemán en Cuba.

Capítulo 24

El cañonazo de la Fortaleza de la Cabaña anunciaba las nueve de la noche cuando Lunin ocupó una mesa con Olguita en las marquesinas del Prado. A esa hora, las marquesinas se colmaban de público que disfrutaban la interpretación de la agrupación musical femenina *"Las Anacaonas"* habían adquirido fama en el escenario habanero.
— ¡Hey, you, Sátira, saluda a tu amiga! «Exclamó Olguita desde su mesa» a una joven achinada de esbelta figura, que pasaba por la acera dejando tras de sí una estela de piropos.
—Hello, Olguita¿How are you? «Respondió la americanita al identificarla», sin dejar de masticar el chicle que perfumaba su aliento.
—La otra noche te vi bailar en el teatro Fausto, estabas sencillamente primorosa. Incluso, lo comenté con el manager del Zombi Club para ver si se embulla a contratarte... Bueno, cuéntame de tu vida ¿Dónde estás alojada y que haces actualmente?

—Yo estoy hospedada en el *Saratoga Hotel*; y cuando venga Joe, me iré a vivir a su yate, piensa fondearlo en la bahía habanera. Mientras, estoy bailando en el *Roof Garden* del Sevilla, gracias a Amleto Battisti. El italiano se ha portado muy "*nice*" conmigo. Me concedió un contrato, muy bueno. Yo aquí en La Habana me siento más realizada que en Manhatan, donde trabajé últimamente.

Después de la presentación formal. Lunin las escuchaba conversar y no pudo dejar de evocar las imágenes de los días que había vivido en Manhatan, de sus paseos por el *Park Avenue* abrazado a su esposa, Helga. Habían transcurrido cuatro años desde que contrajo matrimonio con ella, madre de su adorado Hummky su entrañable osito, como cariñosamente llamaba al niño. Sin duda, hubiese sido mejor que permaneciera en New York y no se hubiese encaprichado en seguirlo a Bremen. Allí, al menos no estaría corriendo el grave peligro que ahora enfrentaba. Al pasar la mirada hacia el grupo musical, identificó el rostro del viejo Herr Degan, que ocupaba una de las mesas cercanas a la tarima. Al verlo le hizo una seña discreta con la mano para que se acercará, Lunin se disculpó con las jóvenes, que estaban enfrascadas en una charla sobre farándula.

—Requerimos urgentemente a algunos de tu agenturia para darle apoyo al U-158, está seriamente averiado en aguas cercanas, corre grave peligro. La orden viene de Berlín ¡Es positivamente cierto! La recibimos del primo Robinson desde Chile. Hay que llevar la nave a la cayería de Camagüey, además darle auxilio médico a dos de sus tripulantes «expuso sin rodeos Herr Degan» tras apurar una jarrita de cerveza, siguió:

— Me entér hoy, el agente Simón visitó mi tienda, dándome la información del caso.

—Mañana a primera hora contactaré con Sebastián y Salvador para que con David y su hermano lleven el camión, a fin de cargar combustible en la ESSO y que sea llevado hasta la finca *La Niña*, en Camagüey. Igualmente, avisaré al doctor Fernández, de la Quinta Benéfica. Con el tiempo que contamos, no puedo hacer más.

El sábado, temprano en la madrugada, el camión conducido por David Izquierdo entró a la *Esso Standard Oil* con la complicidad de los serenos de la planta, para cargar con premura doce bidones de combustible. Se trasladaban a Camagüey por la estrecha carretera central, los seguía un Oldsmobile del año 1938, donde viajaba el médico Fernández, contaba con abundante medicamento y equipo quirúrgico básico.
Rayando el mediodía, seguido por sus dos perros pastores el asturiano Belarmino Álvarez, propietario de la finca La Niña, les dio la bienvenida a la comitiva, después de almorzar empezaron el tinglado de la última etapa, dando inicio a la operación de rescate. El oficial Meyer y otros oficiales del *Abwehr* se trasladaron a la costa llevaban faroles y linternas, para hacerle señales al U-158, facilitando su entrada a través del estrecho canalizo.
En la madrugada se vislumbró las señales del U-boat respondiendo en clave Morse, mientras que un grupo de carretas cargadas con los bidones, se trasladaba lentamente hacia la costa. Se procedió lentamente al rescate y tras la maniobra de atraque. El Dr. Fernández, practicó los primeros auxilios a los tripulantes heridos.
La situación se tornó trágica, porque el terreno movedizo hacía imposible la marcha, con el peso de las carretas. La operación estaba a punto de fracasar. Los oficiales, Gunter Sielaff y Karl Ludwig, del U-boat nazi, idearon la solución: con el auxilio de varios hombres se dieron rápidamente a la

tarea de levantar una estructura de madera, formada por dos gruesos listones de cinco metros ensamblados con pernos, para hacer rodar los bidones sobre ellas intentando aproximarse lo más posible al sumergible. El resto de los hombres, tras una labor titánica que consistió en empalmar trazos de manguera, sin escapes y lo suficientemente larga para extenderla por todo el inestable terreno, hasta llegar a la nave.

Al cabo de una semana el U-boat 158 estaba reparado y listo, los heridos habían mejorado, el suministro de combustible y víveres fue completo. Aquella noche, antes de zarpar, los hombres de la *Kriegsmarine* fueron despedidos con una cena criolla en su honor, donde no faltó el macho asado, moro, yuca con mojo, y el buen vino español. En medio de la misma, el Capitán Erwin Rostin hizo uso de la palabra: agradeció en nombre del *Tercer Reich* y de todos los tripulantes, el apoyo recibido por los agentes del *Abwehr* y los colaboradores de la finca que unieron esfuerzos para salvar la nave. El oficial Rostin comandaba el U-158 desde el 25 de setiembre de 1941 y en su haber ya contaba con doce barcos torpedeados y más de 62 mil toneladas hundidas. Leal al Führer, de probada integridad y disciplina, había alcanzado el grado de *Kapitänleutnant,* dos años después recibió la Cruz de Caballero.

Capítulo 25

El joven representante a la Cámara Eduardo Chibas se acercó al podio, en el salón del Capitolio Nacional, se hizo un silencio absoluto. Todos esperaban con expectativa sus palabras; unas probablemente serían las fogosas acusaciones

contra el agio y la bolsa negra del batistato, sin embargo en su arenga arremetió contra el quintacolumnismo en el país:
— "El señor Cúneo Harrison, Ministro del Perú, ha sostenido relaciones estrechas con todos los personajes sospechosos y espías declarados del Eje, que han desfilado por La Habana en los últimos tiempos. Entre ellos podemos citar los siguientes: Mademoiselle Castell, Fraulein Sinter, la Srta. Hubert, Sir Campbell Johnston, el Conde Bailén, el Príncipe de Rúspoli, el doctor. Hornung, el Señor Kemper, entre otros.

"Los casos que más comprometen al Señor Cúneo son: "El del doctor Hornung, de origen alemán que viajó con pasaporte peruano y fue compañero de cuarto del espía. El Señor Cúneo mantuvo contacto con esos individuos y finalmente lo embarcó para el Perú.
"El Señor Kemper es un espía alemán, joven, sociable, muy culto, que llegó a La Habana hace dos años, habla cuatro idiomas a la perfección, se hizo pasar por un belga en desgracia. Se hospedó en el Hotel Nacional, luego en la 8 y 19, y más tarde en el Sevilla. Después de haberse relacionado con los grupos más aristocráticos y distinguidos, todos se disputaban su presencia, frecuentó los más exclusivos clubs. La sociedad le cerró sus puertas cuando descubrieron que era alemán; pero el Señor Cúneo le abrió los brazos, convirtiéndose en su amigo inseparable. Finalmente, el Señor Cúneo embarcó a Kemper, para América del Sur, dándole cartas de recomendación a granel, a sabiendas de que era espía. ¿Quién si no un espía puede adoptar falsamente la nacionalidad de un país que está en guerra con el suyo?
"Kemper es uno de los agentes más peligrosos que tiene la GESTAPO en América". Está detenido en Buenos Aires, cuando el gobierno argentino, que presume de neutral, se ve

obligado a tomar medidas contra un alemán, es porque hay pruebas muy fuertes sobre sus actividades nocivas.

"Todavía sin embargo, existe otra gravísima acusación contra el Ministro del Perú: una personalidad altamente situada en la sociedad cubana, que goza de crédito inclusive en el extranjero podrá atestiguar; cómo fue que el Señor Cúneo le ofreció a esta persona, la libertad de un familiar preso en Holanda, a cambio de que prometiera su adhesión a la política de Hitler y colaborará con la GESTAPO. A raíz de la ocupación nazi en los Países Bajos

"Hace cerca de dos meses, que el comportamiento inaceptable del Señor Cúneo fue denunciado discretamente al Ministro de Estado de Cuba. No se ha realizado gestión alguna por ese Ministerio, para poner coto a las actividades nocivas del Ministro del Perú. Por eso me veo obligado a plantear el asunto en la Cámara de Representantes. ¿Hasta cuándo los espías del Eje van a campear por sus respetos en nuestro país?"

La hora de los hornos se acercaba para los quintacolumnistas: El hostigamiento se hacía visible en el senado y los cuerpos represivos asesorados por la Contrainteligencia aliada estrechaba el cerco a las redes del espionaje alemán. La noche del 11 de agosto de 1942 en la jefatura de la Policía Nacional, en Cuba y Chacón se trazaba un operativo contra uno de los oficiales de Herr Degan.

—Señores oficiales, los he citado a estas horas para tomar medidas activas para la neutralización de un agente del *Abwehr*. Su nombre, Ernest Iroel Meyer, ciudadano alemán, quien utiliza el manto de ingeniero norteamericano «el general Benítez informó al iniciar la reunión» Fue descubierto cuando un subinspector de la Policía Secreta detuvo a un empleado de la ESSO, que estaba robando petróleo. Los muchachos de la Secreta, en el interrogatorio al detenido le prometieron: que lo pondrían en libertad, si

daba información importante sobre espías nazis que conociera en La Habana, y el interrogado habló. De inmediato se puso el caso en manos de Faget.
El Comandante Mariano Faget pidió la palabra y explicó las medidas que había tomado:
—Tenemos ubicado al sujeto en un apartamento que queda en el interior de una edificación, en la Calle Barcelona 511. El mismo dice ser un judío alemán que antes vivía en Berlín. Igualmente, recibimos información del SIAE desde Santiago de Cuba, allá aparece su nombre; exactamente en Banes, se le conoce como un ingeniero norteamericano. Para su confirmación ya envié a Banes al oficial Seoane. Nosotros le hemos puesto en chequeo, para conocer todos sus movimientos. Cabe la posibilidad de que nos lleve a identificar a otros elementos, principalmente al célebre Enrique Augusto Lunin.
— ¿Como marcha la investigación en la oficina postal de la Habana Vieja? «Indagó el general Benítez».
—En la zona postal seguimos cotejando todas las firmas. Ayer un cartero se quedó mirando fijamente un comprobante de recibo, como si la hubiese reconocido, sin embargo, lo disimuló, tal vez para quitarse la responsabilidad de encima «dijo Juan Francisco Padrón, Jefe del Departamento Federal Informativo», que participaba en la tarea del cotejo de firmas.
—Presióname al gallo ese. Dale un frío, si es necesario, o un pescozón bien sonao. No olviden que a golpes se hacen los santos. Aquí no se puede andar con paños calientes «intervino el Comandante Miguelón».
—En fin, señores oficiales. El objetivo en cuestión es que todos ustedes colaboren al chequeo y vigilancia, de a pie y motorizado, o lo que sea; pero tenemos que seguir a este Meyer día y noche, por lo menos con un pelotón de agentes.

Persona a quien se acerque o con quien converse, hay que investigarla, que no quede cola. Eso es todo.

Capítulo 26

A la mañana siguiente, 12 de agosto de 1942, en la posición náutica 24.20 Norte y los 81.50 Oeste, a 20 millas al norte de Key West, el Capitán del U-boat IXC 508, Georg Friedrich Ernst Staats, mientras observaba a profundidad de periscopio, se echó la gorra hacia atrás y comentó con su primer oficial:
—"Ya tengo en la mira al Convoy SpecCon 12. Me concentraré principalmente en los vapores cubanos. El convoy avanza a siete nudos, lleva como escoltas dos cazas submarinos de la Navy. Estamos a tiro, a estribor del convoy, a la altura de las naves cubanas. Mantener rumbo. Máximo silencio... Establecido rumbo, torpedos del 1 al 4 preparados, informar tiempo de recorrido. Torpedo uno, descargar torpedo. Torpedo dos, descargar torpedo. Torpedo Tres, descargar torpedo. A toda máquina..."
Eran las 07:50 horas. Las bocanadas de humo de las chimeneas de los vapores del convoy se elevaban graciosamente como intentando alcanzar las nubes. En el magistral del Manzanillo, el Capitán Antonio Fernández de la Vega conversaba en el puente de mando con los tripulantes Alfredo Fontana, José Quevedo, Roger Lorenzo y el contramaestre Francisco Santana, quien fue llamado para que los auxiliara en la reparación de una máquina.
El júbilo se reflejaba en todos los tripulantes del convoy, cansados de la dura faena y barnizados de salitre, de solo

pensar que al anochecer alcanzarían la altura del Morro. Uno de los más entusiastas era el oficial Juan Planelles Alemany, que cubría su guardia en el puente del Vapor Julián Alonso. Se encontraba entretenido paseando la mirada por la popa del Manzanillo, donde tres tripulantes charlaban junto a los tanques de petróleo, cuando al dar el toque de campanada anunciando las ocho de la mañana, sintió un enorme estampido. Al mirar a estribor se le hizo un nudo en la garganta y una expresión de horror adquirió su rostro. El espectáculo era dantesco: el vapor "Manzanillo" se abría en dos como una hoja de papel vomitando una columna de fuego. El torpedo había dado en la banda de babor de popa del pequeño mercante de solo mil toneladas, lanzando al aire mástiles, hierros retorcidos y cuerpos humanos destrozados.

Al tanto, otra explosión resonó como trueno. Era el vapor "Santiago de Cuba", que había recibido un torpedo en la banda de estribor de popa.

En medio de la tragedia, en el puesto de mando del Julián Alonso, su capitán pudo avizorar cómo un torpedo se abría paso entre las olas directamente hacia su nave, por lo que comenzó a gritarle al timonel: "¡Coño, mueve ese timón rápido y penetra en la banda!"

Aquella oportuna maniobra, al interrumpir la circulación del agua hacia popa, hizo perder velocidad al vapor, escorando encabritada por los giros bruscos y la velocidad forzada, escapando del torpedo que cruzó a menos de un metro de la proa.

¡Fluch!, maldijo el comandante del U-boat, al observar por la mirilla como se perdía en lontananza el tercer torpedo. No contaba con más tiempo. De inmediato, ordenó sumersión y tomar rumbo estribor a toda máquina, para evadir el contraataque de los dos cazasubmarinos y aviones de la Fuerza Aérea Naval norteamericana que surcaban la zona.

Sin pérdida de tiempo el resto de los tripulantes del convoy, se dio a la tarea de rescate. Todos se disputaban el lugar de mayor riesgo para ir en busca de sus compañeros y de los cuerpos flotando en el mar. Tras hora y media revisando el área, perdidas las esperanzas y convencidos de lo inútil del empeño, se dio la orden por los megáfonos de "embarcar botes", pasándose a reorganizar el convoy. Fue un momento crucial en la vida de los marinos que lograron escapar a la agresión. En las popas se agrupaban, con la mirada puesta en la zona de los hundimientos, que a la distancia se hacía cada vez más pequeña y más grande la pena en sus corazones. En la estela del convoy, junto a las anclas perdidas, quedaban treinta y un cubanos, dos radiotelegrafistas norteamericanos y un pasajero civil que venía a bordo.

En horas del mediodía, el Estado Mayor de la Marina de Guerra cubana recibió un parte radiotelegráfico de la USA Navy en el que se informaba sobre los torpedeamientos y se daba la relación de los desaparecidos: Andrés Arias, José Colomar, Armando Conejeiro, Gabino Conrado, José Corripio, Carlos Cortés, Pedro Díaz, Antonio Fernández de la Vega, Alfredo Fontana, Antonio Guardiola, Pedro Gutiérrez, Ciriaco L Huerta, Ignacio López, Roger A Lorenzo, Ángel Macías, Bartolomé Maragues, Casimiro Martínez, Ceferino Méndez, Julio Miranda, Francisco Novoa, Antonio Pérez, Bernardo Pileta, José Quevedo Muley, Félix Ramírez, Juan René, Juan E Rodríguez, Diego Rojas, Arcado Sañudo, Jorge Luis de la Torre, Roque A. Vila, y Aurelio Zabala.

Capítulo 27

En la ciudad de La Habana la población comenzó a percatarse de que algo grande había sucedido. Muchos pensaban que la situación entre Batista y Pedraza volvía a repetirse. El crucero Cuba había abandonado el muelle de Casablanca tomando rumbo norte junto con dos cañoneras. Numerosos carros patrulleros y autos celulares de la Policía corrían en dirección a los muelles. Hasta que finalmente por las radioemisoras se dio la fatídica noticia del torpedeamiento de las naves cubanas. De inmediato, todo el pueblo se levantó en pie de guerra. Para la mayoría de los cubanos había comenzado la guerra contra el Eje.
—Por favor, Quesadita, encárgate de darle solución a este asunto. Ya conversé con el embajador norteamericano; pero me respondió con una sarta de explicaciones confusas que me ponen ante el pueblo en una situación extremadamente difícil «manifestó el Presidente Batista a su ministro de Defensa», Arístides Sosa de Quesada, a fin de que intentara calmar los ánimos exaltados, ante la decisión del gobierno norteamericano de no entregar los cadáveres de los marinos cubanos que había rescatado la Navy.

El jueves 13 de agosto, la población habanera estaba frenética ante la negativa persistente de los Estados Unidos de no devolver los ocho cadáveres de los tripulantes que permanecían en el necrocomio de la base naval de Key West. El argumento era insustancial para una medida tan desatinada. Por su parte, el Partido Comunista aprovechaba la ocasión para enardecer una vez más a la clase obrera contra la indiferencia del gobierno yanqui hacia los sentimientos populares, soliviantando al pueblo para que exigiera a Batista, qué cursara una enérgica condena a la Casa Blanca.

Utilizando la transmisión en cadena que mantenían las emisoras radiales, el ministro Sosa de Quesada se dirigió al pueblo cubano en una patética alocución:
— "Si no pueden volver, si Cuba ha de permanecer tan cercada que no puede rescatar el cadáver de sus propios soldados, prometemos ir con nuestra decisión, con el coraje heredado de los Martí y los Maceo, a rescatar sus restos, sin que nos muevan a indecisiones el tiempo infinito y los obstáculos ingentes. Que sepan nuestros muertos que no pensamos olvidarlos. Y si ellos han merecido el honor de ser hijos espirituales de Martí, nosotros nos esforzaremos por ser siempre. En la negra guerra y en la luz que alumbra nuestra paz, hermanos suyos en el nombre del Apóstol. Los que tienen ojos y no ven, oídos y no oyen, los que dudan todavía de la realidad inmediata y sangrante de esta guerra cubana, por ser una guerra universal, que extienda las manos y palpe en la carne de los muertos y las llagas de los heridos. Y los que no reconozcan esa carne y esa sangre, declaren de una vez que sangre y carne hitleriana es la suya."

Presionado por las numerosas protestas, inclusive de organizaciones obreras latinoamericanas, el Presidente Roosevelt se vio obligado a autorizar el martes 18 de agosto que una unidad de la Navy trasladará los ocho arcones sellados con los restos de las víctimas.

Momento de dolor desgarrador se produjo en la aduana habanera, los familiares acariciaban los ataúdes de sus seres queridos. Desde el muelle los sarcófagos fueron trasladados al Salón de los Pasos Perdidos del Capitolio Nacional, inmediatamente más de cuatrocientos efectivos de la Policía Nacional, bajo el mando del Capitán Rodolfo Valdés, fueron designados para la custodia del edificio y sus alrededores. Se estableció una guardia de honor. Hicieron la primera guardia el propio Presidente Batista, los ministros Bravo Acosta, Suárez Rives, y José A. Martínez; Lázaro Peña, Secretario de la CTC, y el Sr. León Rentería. Por espacio de cuarenta y ocho horas, una enorme multitud de cubanos desfiló ininterrumpidamente ante los féretros para rendirles póstumo homenaje.

El jueves 20, Fulgencio Batista se dirigió al pueblo por la radiodifusión nacional en los términos siguientes:

— "A las 3 de la tarde de hoy se efectuarán los funerales de los valerosos marinos de los vapores de bandera nacional Santiago de Cuba y Manzanillo. Interpretando los sentimientos de todos los cubanos para rendirle póstumo tributo, invitamos por este medio, en nombre del Gobierno y en el mío propio como Presidente de la República, al honorable Congreso, al Poder Judicial, al Cuerpo Diplomático, veteranos de la Independencia, prensa, corporaciones económicas, organizaciones obreras, autoridades civiles y militares, instituciones oficiales públicas y privadas, sociedades, y al pueblo en general, para acompañar sus restos desde el Capitolio Nacional al cementerio de Colón".

A esa hora, el Presidente Batista, acompañado por los Generales López Migoya, Manuel Benítez y el Comodoro Diez Arguelles, subió la escalinata del recinto senatorial para hacer la última guardia de honor. En breve comenzó a recogerse las ofrendas florales y los ataúdes de maderas preciosas, se dio inicio a la marcha hacia la necrópolis de Colón. Antes de colocar los sarcófagos sobre los armones, en el último descanso de la escalinata capitolina se hizo un toque de silencio. Batista tomó la palabra para hacer el panegírico en las exequias a las primeras víctimas de la conflagración mundial.

— "...Levantemos nuestra fe y nuestra confianza en este instante en que lloramos a los primeros mártires cubanos. Juremos luchar juntos todos, no solo por nuestra libertad, sino por la de los pueblos que necesitan nuestro concurso para garantizar su soberanía"

Acto seguido, partió el cortejo. El gobernante se situó detrás del último armón, junto con los familiares que acompañaban a los féretros cubiertos por la bandera cubana. Les seguían autoridades gubernamentales, cuerpos diplomáticos, fuerzas armadas, organizaciones sindicales, y el pueblo en general. La comitiva tomó por el Paseo del Prado hasta la calle Reina, para llegar por Zapata al cementerio. A su paso la gente les lanzaba flores gritando: "¡Gloria eterna!".

A la vanguardia avanzaba una escuadra de motociclistas de la Sección de Tránsito de la Policía Nacional, con uniformes de gala, los faroles encendidos y crespones negros en los timones de las motos. Detrás, mil coronas y dieciocho carrozas; dos carros del Cuerpo de Bomberos repletos de flores; la banda del Estado Mayor del Ejército; una compañía de la Infantería de Marina de los Estados Unidos; un batallón de la Marina de Guerra cubana y otro de la Policía Nacional; un pelotón de Caballería Montada, seguido por dos batallones del Ejército; niños de la Casa de Beneficencia; alumnos del Instituto Cívico Militar, Boy Scouts; Exploradores Nacionales, la banda de música del Regimiento VI; la Cruz Roja Cubana, y la CTC, con pancartas exhortando a "combatir la guerra con la guerra". Por orden, los sarcófagos, iniciaron su última procesión mortuoria: Casimiro Martínez, Julio Miranda, Pedro

Gutiérrez, Antonio Fernández de la Vega, Ignacio López, Carlos Cortés, José Quevedo, y Pedro Díaz.

Varias cuadras antes de llegar al cementerio, la inmensa comitiva caminó sobre una alfombra de flores que terminaban formando una V de la Victoria, y pese a la pertinaz lluvia que ensombreció la tarde, la necrópolis de Colón fue insuficiente para cobijar a los miles de cubanos que escoltaron hasta la última morada a sus hermanos caídos.

Al filo de las seis, la procesión se situó frente a las fosas abiertas en el Cuartón Noroeste, Cuadro 33, del cementerio de Colón, para escuchar el responso religioso de despedida. Un toque de silencio del clarín se apoderó del camposanto, y se escucharon tres descargas de fusilería de la Compañía II del Regimiento "Máximo Gómez", como homenaje marcial a los "soldados de la Patria muertos en campaña".

Callado y con expresión ladina, en el umbral del cortejo entre la muchedumbre acongojada, marchaba Heinz August Lunin.

Capítulo 28

—Cabo, estos pesos estarían mejor en la alcancía de la Casa de Beneficencia que en los bolsillos de tu jefe, pienso «manifestó el apuntador del banco» que visitaba en su recorrido el cabo Pedro Luís Gutiérrez, el delegado del Comandante Faget..

—No me digas que te metiste ahora a comunista, y vas a darme una charla de moral a favor de los huerfanitos. Estás siguiendo, oye mi consejo nague, un camino bastante peligrosito «le advirtió amenazante el cabo al apuntador», echándose hacia atrás el sombrero.

El cabo abrió el maletín de mano y depositó los billetes del banco de apuntaciones, en la Manzana de Gómez, una de las zonas de repartición establecida entre la jerarquía policial. Por la tarde continuaría la recogida en el Rumba Palace y otros establecimientos, y tendría la noche bastante complicada, con el plan de Faget de asaltar el local donde un grupo de señoritos adinerados de La Habana, estimulados por la Auslandsorganisation, se reunían para jugar a los SS nazis, uniformados de negro y luciendo brazaletes con esvásticas.

Miró su reloj, que marcaba las trece horas, y estacionó el auto en la calle Consulado, frente al restaurante La Muralla de Oro, entró y ocupó una de las banquetas del mostrador, pidió una oferta del menú. Se desabrochó el sacó, se echó hacia atrás el sombrero para secarse las fuertes gotas de sudor que corrían por su rostro.

Aún no le habían servido, cuando un hombre que vestía con saco deportivo, ocupó la banqueta de al lado.

— ¿Cómo está usted, amigo Pedro? «Le dijo afectuosamente» el recién llegado.

—Conforme a los tiempos, amigo Diego «respondió», introdujo la mano en el bolsillo derecho y sacó un rollo de negativos. Ahí está toda la información de las actividades de Faget y de los G-Men del FBI; tratan de ubicar al espía nazi que opera en Cuba. Sospechamos que Eleuterio Pedraza, Mariné y Ángel Aurelio, el ex jefe de la Marina, están haciendo negocio, lo mismo que otros agentes, principalmente con el contrabando de petróleo para los submarinos alemanes que se mueven en el Caribe. Igualmente, nuestros camaradas deben tomar mayores precauciones. Faget está haciendo un registró de todos los militantes y simpatizantes del Partido, para entregarlo al

FBI a cambio de una buena suma. A mí me tienen cobrando el barato. Acabo de recoger casi tres mil pesos para Faget. ¿Cuál será la recaudación del Pinareño Benítez, que como jefe, ha vendido también 500 camas del hospital de la Policía, a veinte pesos cada una? ¡Imagina! ¿Cuántos pesos está haciendo?

—Nuestro Partido Comunista se siente muy orgulloso de la actividad silenciosa que vienes desarrollando, a riesgo de tu propia vida. Tu trabajo se volverá internacional, sirve incluso para la NKVD que lucha contra el imperialismo. Cuando concluya está guerra empezará otra más terrible, será de dos tipos, fría y caliente. Todos los cuerpos represivos se pondrán en la función de cazar comunistas y tu trabajo entonces cobrará una importancia trascendental. «Dijo el enlace del Partido Comunista al "topo" infiltrado en el SIAE...»

—Lo mismo pienso de ti. Tu labor como reportero no se queda atrás. Algún día disfrutaremos de un poco de paz y podrás continuar tus estudios de medicina. Por otra parte ¿Qué me cuentas del chino?

—Kuchilan está pasándose de raya, señaló Diego con preocupación, le están cazando la pelea. Imagínate, ahora quiere hacer una caricatura para publicarla en Prensa Libre, de Batista vestido de rumbera y con un cartelito que dice: "Amalia Batista, Amalia Mayombe, que tiene esa negra que mata a los hombres".

—Pues, que se prepare a tomar Palmacristi por galones. Estará cagando un mes, si es que no lo matan a palos «afirmó el topo comunista infiltrado en el órgano represivo».

— ¿Cómo está el gordo Faget, sigue tratando a los detenidos como supuestos espías?

—Amablemente... por decirlo de alguna manera, comparado con las torturas que la GESTAPO aplica a sus detenidos, desde la tortura de la bañera, hasta introducirles por el ano hierros al rojo vivo.

Mientras los agentes clandestinos del Partido Comunista cubano intercambiaban comentarios en el restaurante. En la embajada de los Estados Unidos, la secretaria pasaba una llamada telefónica al Agente Especial Edwin Sweet del FBI.

—El jefe del G-2 norteamericano, de la base aérea de San Antonio de los Baños, informó que en la misión de rastreo que sobrevoló La Habana, el avión de la USAF técnicamente equipado para descubrir y encuadrar ondas radiales, ha detectado una transmisión clandestina. La zona señalada queda entre la avenida de Belascoaín y la periferia del puerto.
Edwin Sweet convocó a una reunión inmediata a todos sus agentes, entre ellos al oficial Mitchel del MI6, a los dirigentes de la Policía, para darles a conocer los detalles del caso y establecer un plan operativo, conjuntamente se llevaría a cabo entre las fuerzas cubanas y el pelotón de agentes especiales bajo su mando.
Edwin Sweet consideró que se debía primero empezar visitando a todos los Bancos de la ciudad y revisar las remesas recibidas en los últimos meses; para residentes o extranjeros residentes, y sobre todo hacer un seguimiento exhaustivo de las sumas más altas. Todo sujeto que aparezca con giros de cuantiosas cantidades, se les hará un rastreo discreto en las direcciones que han declarado en el banco, se les debe buscar los registros de sus residencia y empresas.
El representante de Edgar Hoover consideró que esa medida podría llevarlos hacía el camino acertado. Por lo demás, se continuaría con las identificaciones grafológicas, un trabajo

lento, pero prometedor, esperaban que el Abwehr cometiese un error.

Al regreso de la reunión, el Comandante Faget impartió las instrucciones en el SIAE. El primer teniente Juan Francisco Padrón, los sargentos José Ramón Pérez y Roberto Vila, el cabo Pedro Luís Gutiérrez, los vigilantes Raúl Alonso Febles y Ernesto Pérez, además del Capitán Bousquet jefe de la Policía Secreta, junto con sus subordinados, el Sub-Inspector Abelardo Rico, y los detectives José Sobrado y Fernández Bretón, se unirían a los agentes del FBI y al oficial Mitchel. Entre todos se repartieron las agencias bancarias capitalinas. Mantendrían un mayor control y alertarían a los confidentes en los prostíbulos, sobre todo el de Marina; así como se vigilarían los bares frecuentados por inmigrantes, lo mismo haría con otros objetivos, que requerían puntos de apoyo "sembrados".

Una semana después del inicio del operativo en los bancos, más de una veintena de inmigrantes habían recibido sumas considerables del extranjero y fueron rigurosamente controlados. Algunos, como Brandorf, Bernoth y otros, ya estaban encarcelados. El lunes, a punto de cerrar el operativo en la sucursal del Banco de Boston de la calle Cuatro Caminos, a un federal le llamó la atención una cuenta a nombre de Enrique Augusto Lunin, domiciliado en la calle Lealtad 264 entre Neptuno y Concordia. Las sumas eran considerablemente altas y frecuentes; dada la crítica situación económica que atravesaba el país. Observó que la cuenta había sido abierta en octubre de 1941 con $2,500 y en diciembre la incrementó con otros $1,500 En marzo se produjo un envío por $1,000, y tenía una última remesa en junio, que ascendía a $1,500 más. En total $6,500 en sólo siete meses, aproximadamente mil pesos mensuales.

Se presentaron en la dirección reportada por el hondureño, se hacían pasar por funcionarios bancarios, los agentes Desiderio Rangel y Cristóbal de los Ríos, del Buró de Investigaciones de la Policía Nacional, comprobaron que allí nadie conocía a dicho individuo.
Por su parte, el Headquarter del FBI en Washington, además de buscarlo en sus archivos secretos, circuló su nombre a todas las agencias de Inteligencia aliadas. Heinz August Lunin, el hombre del Almirante Canaris tenía los días contados.

Capítulo 29

Una semana después del sepelio de los marinos cubanos Lunin decidió visitar el bar Puerto Chico, de la Avenida del Puerto. Al entrar le llamó la atención el corro que numerosos parroquianos hacían a unos marinos, quienes narraban la alucinante experiencia vivida en el reciente ataque a los vapores cubanos.
El oficial Planelles, del vapor Julián Alonso, refería con acento turbado:
— "Llevaríamos unas nueve millas de camino, yo me encontraba sobre el puente de mando y al instante en que el timonel iba a dar los cuatros repiques de campana, anunciando las ocho horas de la mañana, rasgó el silencio de la mar un estampido seco, monstruoso, a mí me dio la sensación que nuestra bodega se había desfondado. Fue cuestión de pocos segundos y otro estampido tan seco como el anterior atronó mis oídos. Miré hacia delante y observé espantado que toda la parte de la popa del Manzanillo, donde llevaba los tanques de petróleo, volaba por el aire

envuelta en una enorme llamarada, mientras la nave se doblaba como si fuera un libro de fuego y se sumergía rápidamente bajo las aguas. Instintivamente miré hacia el Santiago de Cuba... El espectáculo era espantoso. Envuelto en gigantescas llamas, la proa del barco se hundía lentamente en el mar. Bastaron sólo dos o tres minutos para que desapareciera entre las olas..."

Enrojecido por la ira, el contramaestre Raúl Francisco Santana, del vapor Manzanillo, reprimiendo las lágrimas intervino en la narración de los hechos:

— "Todos estábamos muy contentos, pensando en que al caer la tarde descansaríamos en nuestros hogares. El buque venía lleno de carga. Traíamos de todo un poco: papel, camiones, máquinas, mercancías de diversas especies. Me encontraba con dos de mis ayudantes, reforzando el cierre de una mercancía en la proa, no habían transcurrido cinco minutos cuando una tremenda explosión nos hizo rodar por el suelo. Me levanté rápido y vi cómo volaba por los aires, envuelta en llamas, la popa de nuestro barco: habían desaparecido el puente de mando y el departamento de tanques. No hubo tiempo ni de alcanzar los chalecos salvavidas. Nos arrojamos los tres al agua. ¡Quería engañarme, pero tenía el angustioso presentimiento de que nadie se salvaría!, En la parte que había sido volada por la fuerza de la explosión, se encontraban en ese trágico momento veintiún hombres, entre jefes y marineros y dos sargentos radiotelegrafistas norteamericanos.

Los tres estábamos heridos, pero, afortunadamente, somos muy buenos nadadores y con el deseo de ser útiles comenzamos los tres a bracear para ayudar en el salvamento de los compañeros... Fue media hora de terrible angustia. Entre los tres logramos rescatar a cinco hombres muy mal heridos del Santiago de Cuba. Los entregábamos a los botes y barcos que se nos acercaban a ayudar ¡Un pesar me atormenta, sin embargo! Cuando estábamos a cincuenta yardas de otro náufrago, desapareció bajo las aguas, gritando horriblemente. ¡No puedo olvidar la mirada de aquel hermano, que entre contorsiones de agonía se hundió delante de nuestros ojos! No logramos encontrarlo ¡Se nos perdió para siempre!"

Por el salón del bar corrió un rumor que fue creciendo, expresiones de condena al artero ataque de los nazis e insultos a las madres de aquellos lobos al acecho, que tan miserablemente hicieron la agresión a los indefensos vapores cubanos.

Después de escuchar el relato de los sobrevivientes Lunin consideró prudente retirarse y, cabizbajo, tomó por la calle San Pedro hacia el centro de La Habana.

—Comandante Faget, es el cabo Pedro Luis, estoy en la zona postal de la Habana Vieja. Apretamos a un cartero y nos dijo que su colega Paco le había comentado que él había reconocido la firma del tal Lunin, pero no quería verse envuelto en un problema tan serio. ¿Qué hago, jefe? «Comunicó con voz entrecortada» el cabo del Servicio de Información de Actividades Enemigas a Mariano Faget.

— ¡Ni me lo toques, quieto! Ni comentes con nadie. Vuela pa'cá. Yo estoy en mi despacho con el Comandante Miguelón. Dice que te va a esperar.

—Cayó timba en la trampa ¡Gordo! Alcanza quien no cansa «exclamó eufórico Miguelón» al Comandante Faget, déjame con mi gente del Servicio Secreto. Tú verás que ese carterito Paco va a convertirse en el mejor mudo de La Habana.

A primera hora de la mañana siguiente, el cartero Francisco Rojo, de la zona postal de la Habana Vieja, se dispuso como de costumbre a tomar el ómnibus que lo dejaba cerca de la oficina de correo en el convento de San Francisco. Aun daba vueltas en su cabeza lo vivido el día anterior. A la parada del ómnibus comenzaron a llegar pasajeros que no podían disimular las caras de sueño. Una mujer joven, notablemente hermosa, de cuerpo inolvidable y coquetamente vestida, le sonrió al llegar, posiblemente era una de esas preciosas secretarias de algún señorón adinerado, pensó para sí. Poco después, llegó un vigilante de gruesos bigotes, vientre pronunciado y cara de pocos amigos; entre otros, apareció un negro joven, delgado, y con ademanes visiblemente nerviosos.

Cuando el viejo ómnibus asomó por la esquina, el grupo que aguardaba se espabiló, transformándose al subir en un amasijo de carne sin fronteras. Se mezclaron carteras y portafolios, junto a efluvios de colonias baratas y transpiraciones atenuadas por desodorantes.

Los que viajaban sentados miraban con indiferencia a los pasajeros que ocupaban como sardinas enlatadas el estrecho pasillo, aferrados a respaldares de asientos y a los tubos niquelados del armatoste rodante. Ante la mirada del vigilante bigotudo, el negro de ademanes inquietos, empezó a abrirse paso apresuradamente entre los pasajeros, empujando con violencia al cartero, quien protestó por la forma en que le había estrujado la camisa. Para sorpresa de Francisco Rojo, al poco rato la hermosa señorita se colocó de espaldas delante de él. Sintió en su virilidad la redondez y reciura de las nalgas bien formadas, que le hacían atrevida presión, y mientras más trataba de evadirla, con más ahínco se le encimaba la joven, enardeciéndole el miembro, que ya no entraba en razones.

Lo único que sintió fue una bofetada que le hizo teñir de rojo su mejilla: "¡Degenerado, jamonero, poco hombre!", éstas injurias fueron las más suaves que le gritó la mujer.

— ¡Si, ese es un pervertido desgraciado, que le gusta toquetear a las jovencitas!" «Gritó desde el asiento trasero una vieja enjuta», con rosario en mano.

—Vamos a ver qué pasa aquí. ¡Chofer, párame la guagua! ¡Y me dejan el pasillo limpio! «Vociferó el vigilante», de bigotes anchos. No llore usted, señorita. Por favor, baje con este tipo aquí mismo. ¡Y tu cuidadito con mandarte a correr, porque te descerrajo un tiro en la pata!

Casualmente, detrás del ómnibus venia un carro patrulla de la Policía y el agente aprovechó la oportunidad y le hizo señas para que se uniera a ellos.

El Capitán Gómez, de la segunda estación de Policía, se acercó al detenido y lo llenó de improperios:

—Parece mentira que un hombre joven esté jamoneando en pleno ómnibus a una señorita. A ver, sáquese todo lo que tiene en los bolsillos antes de entrar al calabozo, después que le levante acta para el tribunal.

Francisco Rojo, estaba a punto de gritar, las palabras se atropellaban unas contra otras y solo atinaba a decir el gran error que se estaba cometiendo con él, que era hombre moral y de absoluta decencia.

— ¡Ah, y este paquetico que tenía en el bolsillo con tres cigarros de marihuana! Un hombre decente, ¿No? ¡Mariguanero, carajo! Señorita, lamento este incidente. Usted puede retirarse. A este tipo le vamos a dar un saco de patadas «aseveró el jefe de la unidad policiaca».

—Capitán, ese paquetico me lo dejó caer en el bolsillo, el negro que salió huyéndole al vigilante que nos trajo hasta aquí. Se lo juro. Yo nunca he fumado marihuana. Se lo juro. Y esta señorita se me pegaba, meneándome su trasero. Así mismo fue, se lo juro «no cesaba de replicar el cartero».

En medio de aquella parafernalia, el vigilante de posta en la puerta de la estación de Policía dio la voz de atención ante la presencia del Comandante Miguelón, que hacía su entrada a la Unidad.

Miguelón saludó afectuosamente al Capitán Gómez, quien dejó en manos del sargento de carpeta la situación con el

cartero Rojo. Sorprendido al reconocer en Miguelón a la persona que había bajado en la zona postal la tarea de cotejar firmas para identificar a un extranjero criminal, el cartero comenzó a llamarlo desesperadamente.
— ¿Qué le pasa al cartero ese, capitán? «Preguntó Miguelón».
—Nada, que se dedica a jamonear a las jóvenes en las guaguas «buses».
—Por favor, sáqueme de aquí, comandante. Esto es una injusticia. Yo voy a ayudarle. Yo voy a decirle dónde vive el hombre a quien ustedes buscan. En serio, no es mentira «aseguró el cartero».
Sin pérdida de tiempo, Francisco Rojo fue conducido al edificio del SIAE de la Calle Sarabia, en la barriada del Cerro, donde el Comandante Mariano Faget lo sentó en su despacho frente a él.
—Tenga usted en cuenta, señor Rojo, que se tuvo que discutir fuerte con el Capitán Gómez y con la agraviada para no darle curso a la denuncia. Yo no voy a investigar si fue o no verdad de lo que le acusan. Me he quedado con el acta policial, porque usted me asegura que colaborará con la investigación que estamos haciendo; pero de cometer una indiscreción de su parte, reanudamos el proceso. Y le digo una cosa, no le tema a la ley, sino al juez, ya que le pediré que sea bien severo. Por lo demás, si colabora... despreocúpese, tan pronto termine este caso le doy el acta, para que la rompa usted mismo. Ahora, olvide el incidente con la chica, que a veces hasta un elefante resbala.
Horas más tarde, en las oficinas del Servicio de Inteligencia Militar, el Comandante Miguelón reía a carcajadas, mientras saboreaba un café con la supuesta querellante, María Inmaculada, sargento del Servicio Secreto, el vigilante bigotudo, Reutilio Armenteros, y el negro asustadizo, Bernabé Godínez, subteniente del SIAE.

—Buen trabajo, muchachos, sobre todo el de Inmaculada. De esta manera tenemos atrapado al cartero para que no se vaya de lengua y advierta al espía alemán. Ahora sabemos que el hombre de Hitler vive en el segundo piso de Teniente Rey 366, en la Habana Vieja. Ya se ha situado un pelotón de los mejores hombres para controlarlo. Mr. Sweet con sus agentes, al igual que Mitchel de la Inteligencia británica, son partidarios de darle cordel para coger a toda la red de nazis conectados con él. Sin embargo, el bonito del general Benítez no está de acuerdo; está impaciente por proceder.

Capítulo 30

Al aeropuerto de Rancho Boyeros arribó un vuelo chárter, con un equipo de quince agentes especiales del FBI para reforzar el apoyo y asesoramiento a las autoridades policiales cubanas, suponían que con la captura del espía nazi se desmantelaría una red del Abwehr que tenía alcance continental.

Tan pronto arribaron los G-Men, se incorporaron al numeroso colectivo de avezados agentes cubanos asignados para la investigación, vigilancia y chequeo de Heinz August Lunin y todos sus contactos. El General Manuel Benítez se dirigió junto con el Comandante Mariano Faget a la Academia Nacional de la Policía, Sita, en Avenida Porvenir y Gertrudis, en la Víbora, para solicitar al Comandante José Carreño y al Primer Teniente Hernando Hernández que continuará apoyando con efectivos de la escuela a la vigilancia del espía. Rápidamente, alumnos de la Academia, supervisados por el equipo operativo de los hombres del

FBI, se vincularon a los agentes de los órganos investigativos.

Los reportes sobre el seguimiento de todos los presuntos sospechosos con quienes se relacionaba el espía, eran estrictamente verificados, como el caso del individuo que por más de media hora entabló conversación con él en la Cafetería del cine Payret, en el Paseo del Prado, con quien mantuvo una frecuente relación. Dicho sujeto quedó fichado como Herr Degan, de 60 años de edad, soltero, de ciudadanía alemana. A Lunin le fueron tomadas fotografías con teleobjetivo; quedó así constancia gráfica de su visita al consulado hondureño, en la Calle 27 N° 861, se investigó incluso al señor Néstor Bermúdez, titular de dicha sede, quien conversó con el espía en la puerta del edificio. Los agentes del FBI, en colaboración con la Contrainteligencia inglesa de las Bermudas, pudieron establecer que el hombre de Canaris en Cuba mantenía correspondencia principalmente con España, Chile, Honduras y Perú, la cual firmaba con diferentes nombres.

Atando todos los cabos, el jefe de la Policía Nacional y el propio presidente Batista, consideraron que debían proceder a la captura de Heinz August Lunin. Pese a la opinión contraria de los representantes del FBI, que consideraron apresurada e irresponsable la decisión. En la mañana del primero de septiembre se informó a todos los mandos la detención del espía. El operativo fue dirigido por el Comandante Mariano Faget. La noticia se ofrecería a la Prensa sólo el 5 de septiembre. De ese modo se evitaría afectar el día 4 la celebración de la fiesta castrense de las fuerzas vivas del batistato. El arresto sonado del espía Heinz August Lunin, se convertiría en un extraordinario golpe positivo para el gobierno.

Al amanecer del 31 de agosto, quienes salieron de sus casas en Teniente Rey y otras calles aledañas quedaron asombrados por el amplio despliegue policial que se estaba llevando a cabo. Otros, más prudentes, prefirieron mantenerse a buen recaudo y se limitaron a fisgonear el incierto panorama a través de las persianas. En tanto, la población delictuosa corrió la voz de "¡la fiana en la calle!" Ocultaron presurosamente en inaccesibles escondrijos, los paquetes de droga y otros productos de sus fechorías.

Numerosos carros patrulleros estacionados en las esquinas, motociclistas de la Policía trepados en sus Harley, grupos de polizontes vestidos de paisanos con inquietos movimientos paseaban las calles y se estacionaban en azoteas, esperando una orden para lanzarse al asalto. Los mejores detectives de la Secreta y de la Judicial, fueron apostados próximos a la pensión de Teniente Rey 366, en la talabartería La Casa Lis, la barbería de Toño y el bodegón de Numancia.

El Comandante Mariano Faget, enmascarado como de costumbre tras sus gafas oscuras, se asomó por la ventanilla del automóvil, estacionado a un costado de la Plaza del Cristo y concretó sus instrucciones con quien a esa hora vestía un uniforme de cartero; el Cabo Pedro Luis Gutiérrez:

—Le metes un par de pitazos antes de tocar a la puerta y gritas: "¡Telegrama para el señor Lunin!" Si te sale la gallega, o el cabrón del barman Emilio Pérez, le dices que el señor tiene que firmar personalmente la libreta de certificados; cuando aparezca el nazi, ahí mismo le pones la pistola en la cabeza ¿Entendiste? Los muchachos van a estar en los bajos de la escalera esperando a que los llames.

— ¡Okey, all right! «Afirmó Mr. Sweet »desde el asiento trasero del automóvil junto a Faget.

El oficial Sir Mitchel, en el automóvil del Comandante Miguelón, miró el reloj que señalaba las 07:45 horas. Las luces del móvil 1 del SIAE comenzaron a encenderse intermitentemente, dando inicio al despliegue policial más aparatoso de los últimos años. El tráfico de las avenidas

Teniente Rey y Amargura fue interrumpido; numerosos agentes cubrieron las azoteas de los edificios colindantes. Desde Monserrate hasta San Ignacio, se situaron varias postas, tanto de infantería como motorizadas, con el fin de evitar una posible fuga. Hasta la Iglesia del Cristo fue cubierta por agentes del Servicio Secreto.

A esa hora, Lunin había despertado y escuchaba por la radio la BBC de Londres, las noticias donde informaban sobre la desesperada defensa alemana en Stalingrado. Luego apagó la motorola RCA Víctor, se disponía a bajar para tomar su habitual soda en el bodegón de Villegas, cuando sintió el silbato del cartero que gritaba tras la puerta: "¡Telegrama para el señor Lunin!".

Lunin abrió con la pluma en la mano, lo que hizo el cabo Pedro Luis Gutiérrez seguidamente fue desenfundar con rapidez la pistola Colt 45 y apuntarle al pecho, mientras lo conminaba nerviosamente:

— ¡Ponga las manos en alto y échese un poco hacia atrás! ¿Es usted Enrique Augusto Lunin?

—Sí... soy ciudadano hondureño ¿Qué se le ofrece? «Respondió con absoluta serenidad», al tiempo que ponía sus brazos en alto.

—No. Usted no es ciudadano hondureño. ¡Usted es un espía alemán!

— ¿Qué pasa, qué quiere usted? ¿Qué le pasa? «Repetía Lunin», quien había palidecido rápidamente.

—Ahora, ordenó Gutiérrez, póngase de espaldas y ponga las manos contra la pared.

—No, no... Usted está equivocado conmigo, yo soy un comerciante, no un agente.

—Sí, yo sé que usted es un agente ¡Pero de Hitler! «Le respondió mientras le ponía la esposas».

Sin más pérdida de tiempo, funcionarios policiales subían la escalera de la pensión, donde esposaron al matrimonio de

Clarita y Emilio, quienes se enfrentaban atónitos a esta situación. Delfina solo atinaba a repetir con su acento gallego que la policía cometía un gravísimo error con el señorito Lunin, un caballero bueno y generoso con la gente. Encabronado por su cantaleta, el sargento "chapapote" le dijo groseramente:
— ¡Cállese ya, cojones! ¡O le espanto una galúa!
Lunin, vestido de camisa azul y pantalón gris, bajaba las escaleras fuertemente escoltado. Detrás iba el matrimonio de Claribel Stincer y Emilio Pérez, seguidos por el Cabo Pedro Luis Gutiérrez, que portaba la jaula de los canarios. El auto ubicado a la entrada del edificio los condujo con sirena aullante, hacia la sede del SIAE, donde los esperaban para interrogarlos: el General Benítez, el Comandante Mariano Faget, Sir Gerard Mitchel, y Mr. Edwin L. Sweet, acompañado por el agente Claire Spears. En la pensión quedó un equipo de técnicos del GNI, tomando fotografías de la habitación que ocupaba el espía al final del pasillo, incautaron todas las pertenencias y documentos como pruebas legales.

A esa misma hora se practicaban numerosos arrestos tanto de cubanos y extranjeros relacionados con el caso. El Comandante Miguelón, como había manifestado, se encargó personalmente de arrestar al viejo Degan en su apartamento de G y 25 en el Vedado. Sus hombres lo condujeron hasta el SIAE, mientras que él personalmente trasladó a la joven Isabelita en cautela domiciliaria, según le explicó con tono paternal, a una casa de contactos, donde María Inmaculada, su incondicional agente del Servicio Secreto, cuidaría a la chica, que no dejaba de reír nerviosamente.

Capítulo 31

Ese mismo día, antes de las ocho de la noche, la agente del Servicio Secreto, María Inmaculada, marcó al teléfono el número A-2157 sintió sonar el timbre varias veces hasta que una voz familiar le contestó:
—Aló ¿Quién llama a su más modesto servidor?
—Soy yo, Miguelón, Inmaculada. Te llamo a decirte que tu casito ya está como agua para chocolate. Así que por favor, quítame el castigo ya, mi amigo.
—Paciencia, mira que piano a piano se va lontano, y en cualquier momento le propongo al Presidente que te de un nombramientos más en Gobernación. Yo voy para allá dentro de un rato.
Miguelón abrió la gaveta de su buró y junto a la estilográfica pistola que le habían tomado a Lunin, abrió la cajita encontrada en el armario de Herr Degan cuando fue detenido y sacó unos sobres pequeños con polvo de coca, tan blanca que parecía nieve.
"Vamos a llevarle el polvito mágico a mi caperucita roja, para que se ponga contenta «se dijo para sí» mientras tarareaba la letra de una canción de moda: — "En el bosque de La Habana una china se perdió... Y era de noche, y la chinita, miedo tenía, miedo tenía de andar solita..."
Miguelón llegó a la Casona, como le decían a la casa de contactos del Servicio Secreto, vestido con camiseta de mangas cortas con botones de nácar, en la que relucían sus gruesas cadenas de oro con una medalla de la estampa de San Lázaro y otra de la Caridad del Cobre, pantalón marrón, donde sobresalía el cabo de la pistola Colt 45 con cacha de oro, de la cartuchera enfundada con dos porta peines de balas. Reloj. Al tocar el timbre de la puerta la bella estampa de Inmaculada le salió refunfuñando.

—Oye, Miguelón, la chiquita estará muy linda, un pastelito, o como tú quieras llamarle; pero viejo, está insoportable. Yo tú, hoy mismo se la llevo a su madre. Camina por la casa de un lado a otro y con tremenda coquetería. Me dice que la están vigilando por la ventana desde el edificio del frente, y que le han puesto un teléfono cerca de los oídos por donde le dicen continuamente, puta, y recontra puta.

—Ese viejo alemán la enloqueció; pero; ¿y qué tú crees? Si no se la llevo hoy a la madre porque se me ponga cerrera, la mandó al presidio de Guanajay. Ahora, déjame en el cuarto con ella y que nadie me interrumpa, aunque oigas llover pa' arriba. Alcánzame una botella de Bacardí y un par de copas, mi china, que de mañana a pasado te voy a dar un casito para que le des atención especial a uno de los muchachones de Mr. Sweet, que se pasan la vida diciendo que La Habana es muy aburrida.

—Ay, riquísimo, mi comandante, lo voy a llevar al Sans Souci que estoy embullada por ver a la patinadora americana Jean Richey. Dicen que es fenomenal.

Cuando el viejo Miguelón entró a la habitación, Isabelita se levantó sobresaltada de la cama donde estaba hojeando la revista Carteles en su regazo, vestida con un ropón verde transparente que silueteaba sus tiernos contornos. Su cabellera rubia aun conservaba ese brillo esmaltado contrastando con sus ojos avellanados y ligeramente achinados. La reacción de la muchacha fue inmediata, se puso de pie y se arrinconó en una esquina de la habitación, con sus manos en el pecho trataba de proteger sus pequeños y redondeados senos.

¡Ven con tu papito, mi regalito de Dios! ¡Mira lo que te traje, cariñito! «Dijo Miguelón con expresión comprensiva» al verla tan asustada.

Los ojos de Isabelita comenzaron a brillar al mirar en la mano de Miguelon el paquetito con el polvo de coca. La tentación de volver a inhalar la medicina que le quitaba las constantes náuseas y los insoportables dolores de cabeza, y que le producía un delicioso bienestar, hizo que estirará la mano con un reclamo desesperado.

—He, he... Vamos a hablar primero un ratico, no hay que desesperarse tanto, mi niña. Siéntate aquí en la cama a mi lado, no te de penita con tu amigo. Mira que vengo de pasar por un momento muy desagradable y necesito felicidad y cariñito.

Isabelita notablemente nerviosa y confundida accedió a sus palabras melindrosas.

—Imagínate como me sentiré, que fui hoy a visitar a una muchacha, joven como tú, que está presa en la cárcel de Guanajay, porque la acusaron de robarse varias prendas de una tienda aquí en La Habana. Yo fui a llevarle algunas cositas y me la encontré destruida. La pusieron en una galera donde hay dos negras machorras que todos los días la alquilan a las presas para hacer tortilla, y qué de galletazos le dan cuando se niega la muchachita. Yo no puedo hacer nada a la vez que entran en prisión... Por eso, yo mañana tengo que definir tu caso, o te suelto, o tristemente tengo que recluirte en el Presidio de Mujeres de Guanajay... Sin embargo, si nos hacemos buenos amigos, hasta para tu madre le consigo una cama en el hospital Reina Mercedes para que la atienda un buen médico.

Miguelón mientras conversaba con la muchacha que oía aterrada sus palabras no perdía tiempo en acariciarle los muslos esparcidos con tímidos vellos dorados por el sol, hasta que la chica empezó a inhalar por su nariz respingada el blanco polvo, que a los pocos minutos la llevaba al éxtasis que ansiaba.

En Miguelón se desencadenó un deseo desenfrenado practicó el sexo brutal y desaforado, lo hizo hasta saciarse.

Dejó a la muchacha jadeante sobre el lecho con su cuerpo amoratado y casi yerto.

— "¡Al fin me llegó mi regalito de Dios! ¡Esta es la vida misma!" Sabe Dios, cuantos alemanes se la habrán tirado... «Musitó en voz baja» antes de apurar el último trago de ron.

 Por su parte, el Teniente Antolín Falcón procedía a la detención de Olga del Cristo, recibiendo un sonado escándalo de la madre Catalina Catalá, que llamó a toda la vecindad para que fuera testigo de los abusos policiales y del terrorismo que vivía el país bajo Batista.

— ¡Mi hija ¿La querida de un espía alemán? ¡Coño, este es el último invento que tengo que oír en mi vida! «Gritaba la madre», mientras corría por todo el solar.

Agentes del SIAE se aparecieron en el domicilio de Ernest Iroel Meyer, en el tercer piso del número 363 de la Calle Águila, en La Habana, mientras que otros miembros detenían a gran parte de la agentura de Lunin, entre ellas a las hermanas Bárbara y Betty Hidrich.

El agente Li Choe, tras un operativo secreto descubrió el paradero de los presuntos espías japoneses, Tomihachi Kobayashi y Kumiho Mizuro. En cuanto al doctor Blacke, dos agentes se presentaron en su residencia, ubicada en la esquina de Loma y Llave, en la barriada de Marianao, optaron por desistir del arresto al encontrar al médico alemán en una silla de ruedas, convaleciente de una hemiplejía cerebral y bajo los cuidados de dos hermanas, una sorda y otra esquizofrénica

Los tentáculos de Faget igualmente se extendieron al poblado de Cojímar, apoyándose con los marinos del Puesto Naval, sorprendieron a Mongo Uribe y sus corúas, a bordo de la goleta Don Nicolás.

El Comandante Faget bajó a los calabozos de la jefatura de la Calle Sarabia, en el cerro, para echarles un vistazo a los

diecisiete detenidos que, al igual que Lunin, tenían pasaporte con falsa ciudadanía hondureña. Al salir al cuerpo de guardia fue abordado por periodistas y reporteros afanados en conseguir la última noticia. Entre ellos se encontraban Diego González Martín, Mario Kuchilán del Sol y el astuto José Quilez Vicente, cronista de la Revista Bohemia.
—Oye lo que te voy a decir, viejo zorro, no se te ocurra ser indiscreto y ponerte a publicar las detenciones en el próximo número. Todo a su tiempo «le advirtió con sorna Faget al reportero de Bohemia», a sabiendas del caso omiso que le haría a su admonición.
Como respuesta, el artículo "CAZA MAYOR A LA VISTA", aparecía publicado en el siguiente número de la revista Bohemia...

Capítulo 32

La joven corría de un lado a otro por la pista de tenis para asestar con la raqueta el golpe victorioso que derrotará el brío de la bella nórdica que le servía de contrincante. Eran dos bellezas juveniles enfrascadas en una partida fraternal en la cancha de tenis del Havana Yacht Club. Raqueta bajo el brazo y sudorosa la francesita con una sonrisa chocó palmas con su rival felicitándola por su triunfo:
—Me ganaste, cubanita, porque estás acostumbrada a soportar el terrible sol de tu país, con una sonrisa en los labios le dijo:
—Te invito a tomar unos Martinis.

—Okey, muy buena idea... pero primero déjame sentarme un ratico bajo la sombra de este cocotero, no es fue fácil ganarte con lo rápida que eres.

—Mucho sexo harás cuando te cansas tan rápido. Se comenta que las cubanas están hechas de fuego «insinuó con picardía la extranjera».

— ¡Ay, chica, no seas indiscreta! Bueno, te confieso que si, algo se hace. Mi pareja es demasiado ardiente, diría que incansable.

— ¿Es romántico? ¡Cuéntame, cuéntame!

—Está bien rubia, te cuento; pero también me vas a narrar tus experiencias, porque una baronesa francesa, tiene más fama en el mundo que una cubanita.

—Eso es un mito, chica. Porque en mi caso yo solo he hecho el amor con un hombre. Te confieso que soy bastante inhibida. Y además, me da miedo meterme esa cosa tan grande para dentro; aunque me encante la idea «aclaró soltando una carcajada».

Las dos muchachas fueron al snack bar del linajudo club y la joven de blonda cabellera tomó el último número de la Revista Bohemia para hojearla mientras que su compañera iba a retocarse a la toilette, seguida por un guardaespaldas que como su sombra no le perdía de vista.

De repente la extranjera se transfiguró y una expresión de angustia se retrató en su rostro. El título del artículo "CAZA MAYOR A LA VISTA", del periodista José Quilez Vicente, le provocó sudoración fría en las manos y un rictus en los labios que captó su amiga cuando regresó.

— ¿Qué te pasa francesita, te sientes mal? «Inquirió la joven a Anie Fishman», haciéndole una señal de auxilio al escolta del Servicio Secreto que se habían asignado.

Con una rápida despedida la Fishman llegó agitada a su habitación en el Hotel Sevilla, sin pérdida de tiempo, marcó el número telefónico del príncipe Malacici, le informó sus

sospechas y del grave peligro que corrían... de acuerdo a lo que leyó en el artículo del periódico.
—Mademoiselle, todo indica que pocos han tenido la suerte de evadir el cerco policial tendido por el FBI, quienes apoyados por la gente de Mariano Faget, han desmantelado nuestro comando al detener a Herr Degan. Me consta que el oficial Lunin se encuentra detenido. ¡Ahora! Permanezca en su habitación y abra la puerta cuando escuche: "de parte del Señor".

Antes del tradicional cañonazo de la Cabaña, en el Hotel Sevilla dos sacerdotes subieron al ascensor. Uno de ellos portaba un maletín de cuero lustrado, pidió al ascensorista que se detuviera en el 5to Piso. Venían a recoger a una hermanita de la Caridad.
—Mademoiselle, "de parte del Señor" « la Fishman escuchó la señal desde el interior de su suite».
Abrió la puerta a los dos hombres; uno entró a la habitación y extrajo del maletín un hábito de monja, rápidamente la alemana empezó a vestirse, mientras el otro acompañante bajó a la recepción del hotel. Liquidó en efectivo la habitación de la corsa.
Cuando la Fishman bajó en el ascensor, acompañada por uno de los sacerdotes; el joven ascensorista dejó escapar una expresión de asombro:
— ¡Oh, no sabía que usted era monja, mademoiselle!
—Desde que era una niña, jovencito «fue la respuesta irónica de la corsa».
Cuando los sacerdotes y la monja salieron del hotel Sevilla y subieron a un automóvil. Uno de los vigilantes encubiertos de la SIAE apostado a la entrada del hotel, al verlos le dijo a su compañero:
— ¡Coño, esto más que un hotel parece una iglesia! La putica francesa debe estar templando como una loca en su

habitación, y nosotros acá, jodiéndonos la noche. Total, en definitiva el jefe no se mete con los de arriba.

El auto con los agentes nazis avanzó velozmente hasta alcanzar la Avenida del Maine deteniéndose frente a la aduana del muelle Santa Clara, donde el vapor "Magallanes", un buque de pasajeros de dos palos, con una chimenea permanecía atracado.

La corsa revisó por última vez el boleto y sus documentos y depositó un beso en las mejillas de sus cofrades, despidiéndose en voz baja con un ¡Heil Hitler! Abordó la nave. A pesar de que la estación del Abwehr en la Isla fue severamente dañada, la información obtenida por la baronesa Fishman y los contactos que logró establecer, fueron considerados altamente valiosos por Alexanderplatz.

Tan pronto como está subió a bordo. el capitán del buque de la Compañía Trasatlántica Española, le dio la bienvenida a la espía alemana, la ubicó en uno de los mejores camarotes, de los habilitados para los 139 pasajeros de primera. Desde aquel compartimiento la nazi por última vez contempló el cielo estrellado de la Habana. La ciudad donde desató sus pasiones más inconfesables. Con la detención de Lunin se había malogrado su intento de penetrar en el círculo de poder más importante del país. El rumbo que salvaguardaba, tal vez la habría llevado hasta la mismísima alcoba de Palacio.

Unos toques a la puerta del camarote, sacaron a la corsa del soliloquio. El oficial Carvajal, sobrecargo del vapor se presentó ceremoniosamente ante ella, identificándose como agente de la GESTAPO, le informó que zarparían al amanecer rumbo a Bilbao, le explicó las características y horarios del buque, asimismo comentó las grandes dificultades que habían afrontado durante la travesía hacia La Habana, en la que algunos pasajeros contrajeron tifus epidémico, le explicó que las condiciones antihigiénicas que presenta España provocaron que los piojos abundaran como vegetación tropical e infectaron a cuanta alma se puso delante.

Dando un giro a la conversación extrajo del bolsillo del uniforme un rollo fotográfico que entregó a la Fishman. Eran instantáneas de un convoy anglo norteamericano de más de cien barcos, tomadas durante los cinco días en que el Magallanes había fondeado en el puerto de Trinidad Tobago. El marino franquista se ufanó también de la adquisición de trece toneladas de carne en La Habana, burlando así de las regulaciones de la Oficina de Regulación de Precios y Abastecimientos de mercancías.

Para la Hauptsturmführer SS, Johanna Swartz, su misión en la Habana había sido fructífera. Sus contactos con la aristocracia criolla cubana, abrían una puerta para futuros reclutamientos ya sea por ideología o porque se verían comprometidos al ser expuestos sin escrúpulos por sus mañas sexuales. Ella dejó un terreno abonado para los oficiales de la Inteligencia del Tercer Reich, quizá, algún día, volvería al paraíso tropical de Cuba. El oficial Heinz August Lunin, al ser detenido les serviría como finta, porque centrarían la atención en él, abriendo un margen mayor de acción a los oficiales del aparato que todavía se mantenían activos y encubiertos.

Capítulo 33

Los agentes especiales Sweet, Leddy y Claire Spears del FBI, junto a Mariano Faget, revisaban los interrogatorios

iníciales, según versión taquigráfica de las respuestas dadas por Heinz August Lunin.
Sus respuestas eran notoriamente contradictorias. Sobreponiéndose a la fatiga, Edwin Sweet separó el mechón de cabellos que caían sobre su frente, se restregó los ojos nuevamente, se puso de nuevo los lentes para leer las respuestas de Lunin quien en forma teatral había contestado:
…Nací en la ciudad de Bremen, 31 años hace.
…Soy hanseático ario puro.
…Mi madre de ascendencia italiana.
…Mi padre alemán, nacido en Bremen, se suicidó. …Cursé estudios de comercio y economía.
…Trabajé con un tío en sus negocios de exportación e importación.
…Su nombre, Gustavo Adolfo Lunin.
…Está establecido en Hamburgo.
…Soy casado.
…Mi esposa Helga y mi hijo Bartholome, de cinco años, están en Alemania.
…No puedo precisar en qué lugar.
…Hace tiempo que no se de ellos.
…Teníamos nuestra residencia en Hamburgo.
…Mi nombre verdadero es Heinz August Lunin.
…En el año 1936 viví en la República Dominicana.
…Viaje directamente desde Hamburgo.
…Mi primer viaje a América, fue estrictamente de negocios.
…Permanecí allá unos cinco o seis meses.
…Hice compras.
…Hice amistades.
…Muchos me conocieron bien.
…Sus informes sobre mí no podrán ser en modo algún desfavorable.
…Desperté simpatías y creé afectos.

...Sin ninguna familiaridad de otro orden que meramente personal.
...Regresé a Alemania.
...Me inscribí.
...Estaba en edad militar.
...Contra lo que esperaba, no me llamaron enseguida.
...Pasaron seis meses antes de que recibiera instrucciones para salir nuevamente hacia América. ...Hacia Cuba precisamente.
...Está vez en misión confidencial.
...Supongo que me utilizaron para ello.
...En atención a una experiencia de la que carecía. ...Jamás había hecho trabajos de esa clase.
...Fue por mi conocimiento de diferentes idiomas. ...Hablo alemán, inglés y español.
...Así lo había declarado en las oficinas de reclutamiento.
...Las instrucciones las recibí de una persona que me despidió en Hamburgo.
...Su nombre no les serviría de nada.
...Seguramente usó un nombre falso.
...No supe nunca cuáles eran sus contactos.
...Sospeché de alguna manera.
...Que estaría conectada con los centros oficiales de Alemania.
...Está vez salí por España.
...Llegué a Barcelona el 9 de septiembre de 1941.
...Permanecí allá dos días.
...De Barcelona viaje hacía La Habana.
...Dentro de pocos días cumpliré un año.
...De mí llegada aquí.
...Pasé unos días en el Hotel Lincoln.
...Luego me instalé en Teniente Rey 366
...Misma casa en que fui detenido.
...Con algún dinero que me entregaron en Alemania.

...Cierta cantidad de la que podía disponer.
...Monté una casa de modas.
...Funciona en Industria 314.
...Lleva el nombre de ESTAMPA.
...La revista argentina.
...Tengo una socia cubana.
...Si es ajena a mi actividad.
...Hace su trabajo.
...De ganar dinero en el establecimiento.
...Sí, mi actividad fundamental era el envío de informes
...Si secretos
...A compañías de un país neutral.
...Ni mis familiares ni yo hemos militado en ningún partido político alemán.
...Allá no es negocio.
...No sé por qué.
...Es difícil precisar las razones.
...Acepto que el aparato de radio es de mi propiedad. ...Lo debe tener la Policía.
..No tengo más.
...Sino lo que había en Teniente Rey 366
...No los traje.
...Los compré en Cuba.
...Para entretenerme.
...No los usé para enviar mis informes.
...Lo niego.
...No igualmente.
...No he enviado por ningún otro conducto.
...Informes sobre el movimiento marítimo.
...Mi misión no era esa.
...Tenía los aparatos porque soy radioaficionado.
...No les temo a ustedes.
...No temo por mí.
...Tengo miedo... tengo miedo por...

...Están equivocados.
...Yo no operaba con dos personas más.
...Operaba aquí solo.
...Completamente solo.
...Mis contactos están en el exterior.
...Enviaba información.
...Sobre asuntos económicos.
...De exportación e importación.
...Es lo que yo sé.
...Lo hacía, si.
...Por cuenta de una potencia.
...Esa potencia me subvencionaba.
...Me pagaba mis gastos aquí.
...No he tenido colaboración de elementos nativos.
...Ni extranjeros.
...La experiencia me demostró que no es necesario.
...Adquirí los datos para mis reportes fácilmente
...Demasiado fácilmente.
...Yo mismo me asombraba de tanta facilidad.
...En todas partes.
...En los cabarets, en los muelles, en las calles.
...No tenía que hacer el menor esfuerzo para enterarme.
...La gente habla demasiado.
...Los cubanos hablan mucho.
...Lo dicen todo espontáneamente.
...Irreflexivamente.
...Sin darse cuenta de la importancia que pueden tener sus revelaciones.
...No, no los mandaba por radio.
...Sé que mis aparatos tenían un alcance ilimitado. ...Sirven, inclusive, para comunicarse con Moscú o con Tokio.
...Si yo lo deseaba.
...Ya verán los expertos.
...Cuando los examinen bien, que no es así.

…Me faltaba una pieza.
…No pude encontrarla aquí.
…No llegué a entrar en acción.
…Por esa razón.
No, esos aparatos no funcionaron nunca.
…Yo escribía mis informes.
…En el respaldo de cartas comerciales o en textos corrientes.
…Usaba tinta invisible.
…Los mandaba por correo.
…La censura británica.
…Los interceptó en las Bermudas.
…No eran sobre movimientos marítimos o militares. …Eran sobre asuntos económicos, repito.
…No tenía interés en cosas de Cuba o de los cubanos, precisamente.
…No creo que allá los tenga nadie tampoco.
…No puedo, no podemos ser enemigos de los cubanos.
…Siempre nos hemos llevado bien.
…Mi interés estaba en las compras que Inglaterra realizaba o podría realizar en Cuba.
…Sobre eso eran mis mensajes.
..Si en tinta invisible.
…Para los ingleses no lo fue.
…Yo tengo la fórmula.
…Sí señor.
…Es una mixtura, se compone de diversos ingredientes.
…La respuesta vino a mi dirección confirmando mis correspondencias.
…Además, por error, pusieron en los textos.
…Que se escribían en Inglés, varias palabras en Alemán.
…Creo que ese fue un indicio para que me descubrieran.
…Aunque ahora ustedes me dicen que los ingleses habían avisado de mi llegada a Cuba.
…No he tenido contactos con norteamericanos.

...Ni nada que ver con asuntos de ese país.
...No he tenido tampoco contactos con nadie aquí en este orden de cosas.
...No quise nunca comprometer a nadie.
...Ustedes han detenido a varias personas de mis amistades.
...Ya comprobarán que son inocentes.
...Cuando ustedes me arrestaron me trataron bien. ...No tengo quejas de nadie.
...No hice resistencia, en el primer interrogatorio confesé espontáneamente.
...No, tampoco ustedes me coaccionaron físicamente.
...Ocurre que las pruebas que tienen contra mí son tan abrumadoras.
...Que no tengo otro remedio que confesar.
...¡Estaba perdido!
...Está visto que no sirvo para esto.
...Fue mi primera misión... y la última.
...No soy culpable... sin embargo.
...del fracaso.
...Otros factores lo fueron.

El agente Sweet se sirvió una taza de café americano para tomar otro legajo de los interrogatorios hechos a Lunin y tras una breve pausa continuó leyendo:
...Yo hacía estos trabajos para cumplir con mi deber. ..Fui siempre consciente de las consecuencias que podía acarrearme.
...Pero... ¿Qué le iba a hacer?
...¿Desertar del servicio?
...¡Eso es muy feo!
...¡Eso no se puede hacer!
...¡Eso es ser traidor!
...No soy cobarde.
...Afrontaré lo que sea.

...¡No voy a ponerme a rezar!
...Soy lo bastante hombre para soportar lo que venga. ...Creo haber cumplido con mi deber.
...Eso me dará fuerzas para todo.
...Me he portado bien para con mi patria.
...He hecho todo lo posible por ella.
...¡He perdido mi batalla!
...Estoy seguro que el gobierno alemán se ocupará de mi mujer y de mi hijo.
...Lamento mucho haber llegado a Cuba en estas circunstancias.
...Bajo la guerra.
...De haber sido otra la situación.
... Me gusta mucho Cuba y el carácter de los cubanos. ...Son inteligentes, francos, leales.
...Por eso lamentaba tanto tener que cumplir con mi deber.
...No creí que lo que hacía se pagaba con la vida.
...Yo soy un agente civil.
...La Constitución de este país ha abolido la pena de muerte.
...Evadí el servicio militar en mi país por mi posición comercial.
...Establecieron contacto conmigo en abril de 1941.
...El día 15 de ese mes, precisamente.
...Yo quería salir para América.
...Y sólo podía hacerlo por Rusia.
...Me dieron a escoger entre el frente ruso como soldado o la América como agente secreto.
...Las instrucciones que me dieron para América. ...Primero, las transmisiones.
...A mi casa, situada en el centro de la ciudad de Hamburgo.
...Fue a buscarme un señor y en seis semanas me enseñó a construir el transmisor.
...M me enseñó telegrafía.

...Luego se me dijo que estaba interesado solamente en informaciones sobre azúcar, tabaco, bolsa, etc.

En ese momento se inicio nuevamente el interrogatorio y el oficial preguntó:
— ¿Y, solo para esas informaciones le dieron tantas instrucciones?
—Sí, señor.
—El radio que se le ha encontrado ¿Qué alcance... cree que tendrá? ¿Podría ser oído en Alemania?
—A lo mejor, sí señor.
— ¿Y era para transmitir directamente allá?
—No sé. Pudiera ser que alguien desde otro lugar cercano lo oyera.
— ¿Escribió usted que el portaaviones "Ranger" pasaría por La Habana rumbo a Puerto Rico?
—Sí, señor.
— ¿Cómo lo supo?
—Alguien por casualidad me dijo que el "Ranger" andaba por el Golfo de México.
—Aquí hay otro comunicado en el que usted avisa de un convoy que sale de La Habana y ofrece detalles de los buques y sus cargamentos. ¿Cómo obtuvo la información?
—Muy fácilmente, desde el puerto yo veía el movimiento de barcos. Además, en los muelles los marinos lo hablan todo... Era muy fácil.
—Todos los documentos, cartas comerciales, tarjetas de felicitación, mensajes con tinta simpática, etc., firmadas por Manuel Álvarez, Rafael Castell, Juan B. Castillo, y varios nombres más ¿Los escribió usted? —Sí, señor. Los apellidos no importaban. La clave está en los nombres.
— ¿Qué fórmula de tinta secreta utilizaba usted?

—Una aspirina disuelta en diez gotas de limón y dos cucharadas de alcohol natural. Escribía mojando en ella dos palillos de dientes, unidos.

— ¿Y las tantas informaciones que usted remitía, cómo las obtenía?

—Ya he dicho que en los muelles, en los bares, en las casas de mujeres. Los cubanos hablan mucho...

—Un mensaje que usted escribió al señor Mutts, c/c, a Matos Tabares y Compañía, en Lisboa, Portugal, en que pedía que le enviaron comisiones por intermedio del Banco de Boston ¿Qué quería decir?

—Que me enviaran dinero a través de ese banco.

— ¿Recibió dinero así alguna vez?

—Sí, señor. Mil quinientos pesos a través del Banco de Boston, en abril.

— ¿Desde dónde se lo enviaron?

—No sé de dónde, ni quién. No tengo idea.

— ¿No tiene idea?

—Bueno... Creo que un tal Tapia, de Santiago.

— ¿De qué Santiago?

—No sé, en el Banco quizá lo sepan.

—Usted tiene una casa de modas en La Habana, ¿la tiene como camuflaje?

—No señor, como negocio.

—Aquí hay una carta en que le dicen que repita el mensaje porque no lo entienden.

— ¿Escribió usted este mensaje con tinta secreta?

—Sí, pero parece que la censura inglesa, al revelarlo, debilitó la tinta. Y cuando llegó a su destino, una vez reexpedido, estaba muy débil. ¿Ustedes no saben que ha sido por eso?

—Y este mensaje que dice: "solamente falta una pieza que estoy buscando", ¿qué quiere decir?

—Que me falta una pieza para el aparato de radio.

—Y este otro: "me he demorado porque no he podido conseguir el 904. Dinero, mercancías para agrandar el negocio. Escribo porque no confío en nadie". ¿Qué quiere decir todo eso?
—Muy sencillo. Me he demorado en transmitir porque aún no he conseguido el tubo 904. El dinero es para mantener la casa de modas de la calle Industria.
— ¡Ah, pero usted me dice que esa casa de modas es su negocio!
—...
— ¿Y qué significa esto de que no confía en nadie?
—Que ellos quedaron en enviarme una persona para que estableciera unos contactos y yo quería que me escribieran en cuanto eso ocurriera.
— ¿Qué quería decir usted con esto?: "encontré dos G–M en u oficiales de la Marina de Guerra americana que parecían alemanes".
—Que los había visto en una casa de mujeres de Prado y Cárcel. Hablaban español con acento americano. Pero ellos se quedaron en la sala y yo no sé lo que hicieron.
—Y este mensaje: Sigo creciendo y todavía buscando" ¿Qué quiere decir?
—Que el aparato de radio ya tenía cuatro tubos y continuaba buscando lo necesario para terminarlo.
—Y este otro: "Tengo mucha esperanza y mantengo esta cruzada", ¿qué significa?
—Solamente que estaba esperanzado en terminar pronto el aparato transmisor.
—En la hora de radio que se transmite desde Berlín en español, ¿se habla de usted?
—Puede ser.
— ¿Y qué quiere decir usted cuando escribe: "A fin de semana listo"?
—Que a fin de semana quizás pueda hacer la transmisión.

—Y cuando dice: "No he oído nada".
—Que me escriban, pues no he recibido noticias.
— ¿Cómo indica usted el tipo de tinta secreta que usa en las cartas?
—Por las fechas. Cuando digo 1941, es limón. 1942 es limón y alcohol.
—Y en la carta que usted escribió: "Estoy mejor, probablemente saldré el jueves" ¿Qué quiso decir?
—Que probablemente saldría el jueves al aire con el aparato transmisor nuevamente.
— ¡Nuevamente! ¡Pero, entonces…!
—…
— En varias cartas, usted pregunta por Mamy y Humky. Y en otra habla de ellos. ¿Quiénes son?
—Mi mujer y mi hijo, pero no tienen nada que ver con esto. Mi mujer se llama Helga y es descendiente de americanos. Mi hijo Bartholome, tiene sólo cinco años. Ambos están en Hamburgo.
— ¿Por qué no vinieron con usted? ¿Están como rehenes?
—No, señor. Sólo que no deben estar mezclados en esto.
— ¿Podría usted decirnos qué dice este cable?
"ASCA 342 Santiago de Chile 654 tH 1838
RP 27.50 FCS MCT Enrique Lunin A/C Emilio Pérez

Su última carta de mayo 31: diéronme de alta del hospital. Sigo viaje septiembre 15 ó 16 Banco niégame más créditos. Saldos elévense 11 240 dollars, el suyo arroja 10 985 dollars, no entiendo esa diferencia. ¿Guardarían mi estado de cuenta? Espero pronta aclaración. H y M están bien, mandan cordiales saludos, ¿cómo están ustedes?
            Carlos Robinson"
—Pues seguramente lo que acabamos de leer, se refiere a un informe bancario.

—Pues no, señor. Ese cable viene en clave, nosotros lo hemos descifrado ya y usted va a ratificar nuestra conclusión. En este cable le están diciendo que eleve la frecuencia radial con la cual recibe noticias a 11 240 kilociclos y que transmita en 10 985. ¿No es así?
—Efectivamente, ese es el mensaje. ¡Deme acá el cable!
—Significa: 11 240 el guarismo 37.1, siendo el que exactamente corresponde al tipo de onda que recibía su equipo.

Capítulo 34

Una vez concluido el proceso de instrucción policial, en la Jefatura de la Policía Nacional, se llevó a cabo una importante reunión para cotejar el caso del espía Heinz August Lunin. Se encontraban presentes: el General Manuel Benítez Valdés, el Comandante Mariano Faget, el Comandante Miguel Lavastida, el asesor de Inteligencia Sir Gerard Mitchel y los agentes especiales del FBI Claire Spears y Edwin Sweet.
Comenzó por manifestar el agente Mr. Sweet:
—Señores, en mi opinión, el detenido no es más que una caricatura de espía, arrogante y bastante zorro. El apuro de los alemanes por soltar agentes en todas partes, los llevó a un rotundo fracaso. El hombre, ingenuo o torpe, se ha dejado embarcar por quienes no se preocupan para nada por la vida de sus agentes. Lunin no es ni remotamente un súper espía. Si lo fuera no habría salido de Alemania en las condiciones en que vino a América. Para un oficial de Inteligencia es esencial estar seguro de la impunidad de los medios que utilizará para enviar información. A este

hombre le dijeron en Alemania que los líquidos que le facilitaban para tal operación eran la última palabra de la química, que se acababa de descubrir el invento. Lo engañaron, pues apenas cayó en poder de los técnicos, los más conocidos reactivos denunciaron en el acto los trabajos a que se dedicaba. Le aseguraron que las dos claves que usaría eran imposibles de descifrar y son tan sencillas que un aficionado en estos trabajos los hubiera descubierto en cuestión de minutos. Por otra parte, comete un imperdonable error al instalar el radiotransmisor en su propio cuarto. Y para un espía que se precie de serlo es una falta imperdonable poner cables con su nombre en tiempos de guerra, como él los puso en Honduras y República Dominicana. No ha negado su culpabilidad por las pruebas tan abrumadoras. Sin embargo, no ha dicho todo lo que sabe.
—Caballeros, este hombre no es tan tonto como quiere aparentar «apuntó Mariano Faget». Creo que está entre la espada y la pared, por su coyuntura sentimental reforzada por el falso concepto de su deber como oficial alemán, aunque no creo que sea un nazi convencido Si traiciona por salvar su vida, pone en riesgo a su familia, al mismo tiempo que la deshonra de acuerdo a los nazis. Está confiado en que los tribunales cubanos no lo condenarán a la pena de muerte, espera solo unos cuantos años de cárcel que le darán margen a que termine la guerra. Y que de acuerdo al bando vencedor declaren una amnistía, como siempre ocurre.
—Lo lamentable es que en varias ocasiones ha tratado de endosarnos el torpedeamiento de las naves cubanas, como una forma de chantaje por la difícil situación que atraviesa «comentó el agente federal Claire Spears».
—Estoy absolutamente convencido de que este hombre es el eslabón de una red internacional ramificada por toda

América Latina, su centro radica en Chile «afirmó con su voz grave» Sir Mitchel. En ese país ya hemos ubicado el paradero de uno de los principales jefes, el agente del Abwehr Carlos Robinson. Sugiero, Mr. Sweet, que el SIS del FBI refuerce la acción policial con los cuerpos de investigación chilenos para darle una sustancial batida a ese nido de asesinos. Sabemos que antes de entrar en Cuba intentó conseguir un visado para México; pero un judío sudeta en el consulado mexicano de la ciudad de Lisboa, lo identificó como un oficial de la GESTAPO.
—En relación al juicio, me opongo a la intención del doctor José Alfredo González, que quiere celebrarle en audiencia pública «enfatizó el Comandante Miguelón». Todo lo contrario desea el Señor Presidente, él prefiere que se conserve a puerta cerrada. Hay muchos intereses en juego para que sea de dominio público. Igualmente, enfatizó que tomemos las medidas necesarias para que el espía reciba un castigo ejemplar, claro, conservando el marco de la estricta legalidad judicial. Así prometí expresarlo al fiscal y al presidente del tribunal.
—O quizá, amigos, lo que ocurre es que este individuo subestima a nuestra Contrainteligencia. Usted sabe que los alemanes consideran que somos una raza inferior. El pueblo cubano clama justicia, no tendrán indulgencia contra los que hayan contribuido al crimen de los valerosos marinos del Manzanillo y del Santiago de Cuba. Por ello, es necesario que vean en este espía a un sujeto peligroso, sin escrúpulos que encarna al fascismo en su máxima expresión ¡Nuestra mano no tendrá piedad para darle su merecido castigo! Es el sentimiento del señor Presidente y del pueblo cubano. «Manifestó el General Manuel Benítez» antes de terminar la reunión.
—No debe ser tan estúpido como se pinta. Incluso, le encontramos una pistola lapicero de 12 milímetros.

Fabricada en The Lake Eric Chemical Company, de Cleveland, además una cápsula de cianuro que escondía en una bellota que le servía en miniatura a su leontina. O sea, estaba preparado para asesinar, si era preciso «afirmó Edwin Sweet».

—En el curso de las investigaciones, conocemos que a su llegada a Cuba se encontró con el presidente del partido nazi en Cuba, Herr Eugenio Hoppe. Precisamente se veían en la fábrica de cuchillas de afeitar, que él tenía en el pueblo de Regla. También se conoció en el curso de la investigación que el Friz es bastante mujeriego y bailador, participó en el Baile de la Vieja, en la última semana del carnaval habanero «indicó el Comandante Faget».

—No obstante, su captura nos ha permitido limpiar un poco el terreno «argumentó Edwin Sweet» mientras leía una libretita de notas. Solamente en Chile nuestro SIS ha puesto fuera de acción a los agentes: Werner Siering, jefe de la estación del Abwehr, Werner Scherr, Zipelius, Kart Reichmann, Ernst Geverst, Schurckert, Carlos Ludwig, Kart Nevermann, Kart Von Lameen, Claus Von Plats, Alfred Kleiber, Santiago y Ludwig Russ, Wilheim Desbarsh, y el Carlos Robinson, quien le servía de pianista.

Horas más tarde, al prisionero Heinz August Lunin, le informaron: que el Tribunal de Urgencia de la Habana había radicado un expediente por delito de espionaje a su nombre, según causa número 1366. Su abogado de oficio sería el doctor Armando Rabell.

El médium Mario Montes de Oca y el babalawo Benito del Toro conversaban en el lobby del Hotel Telégrafo en la esquina de Prado y Neptuno, sobre el infortunio acaecido a la familia de Catalina Catalá cuando la Policía arrestó a su hija y fue puesta en un calabozo junto con varias prostitutas de la Casa de Marina que frecuentaba Lunin. Los religiosos consideran muy importante la misa espiritual que ofrecerán esta tarde, para despojar al amante de Olguita del osorbo en que estaba envuelto.

—Yo veo la situación muy difícil, por no decir trágica. Si hubiesen cogido al hombre en otro momento... pero ahora, con los treinta y un marinos muertos, no me siento optimista con su suerte «consideró Benito el babalawo».

— ¡Pero, hay que ver qué fatal se ha puesto esta muchacha! ¡Mira que buscarse un espía alemán de marido! Se comenta que Batista quiere que lo condenen hasta a cadena perpetua. Yo voy a invocar al hermano Taita y a la Comisión Africana, pa' ver qué pasa... con su ayuda vamos a salir del hueco. ¡Hasta tu eggun se va a unir con Taita. Eso es santa palabra «afirmó Mario el médium al Eleggua Laroye».

Una gran agitación se veía aquella tarde en el solar de Lamparilla y Compostela donde había nacido Olguita. Notablemente afligida, la muchacha abrió la puerta para recibir a quienes presidirían la misa espiritual con un afectuoso moforibale, mientras que ellos le imprimían un beso en las mejillas.

—Aché para ti, hermanita. Me dijeron que habías soñado que enterrabas muertos. Si así fue, creo que hay que hacer un ebbo cuanto antes «advirtió sombríamente el babalawo». En la sala apareció la austera presencia de Catalina Catalá, llena de coloridos pulsos y collares de santería. Después de saludar con respeto a los médium que presidirían la sesión, pidió a todos los presentes «quienes compartían devotamente el dolor de la niña» que se diera inicio a la actividad. El toque de campanillas ante el altar de Yemayá llamó a recogimiento a la concurrencia, que musitaba entre labios Padres Nuestros y Ave Marías. La copa de agua con el crucifijo inmerso se colmó de burbujas, como anunciando la llegada de una presencia invisible a la humilde sala.

De repente, una Iyalocha se estremeció en su silla, exclamando: "¡Siá, cará!" Por otra parte, el Eleggua Laroye declaró con voz grave: "Akoro va a llevar muy pronto al alemán ante Oyá..." El médium Mario puso su "caballo", como le llamaba a su cuerpo a disposición del congo Taita, que con su hablar afro saludó a los presentes:
"Sí, señor, conmigo está la Comisión Marina, que está embrollá con eso de los marinos al que se les rumpió el cordón de plata por los lobos de la mar, ¡Sia, cará! ¡Misericordia, cará, misericordia! Y yo drigo nombre Dio, que alemancito se va con ellos... Sí señor, ¡Ibaé Bayé T'onú! Descansen en Paz, hermanitos, porque el bruque ese que cramina bajo el agua...jejeje, va a explotar también pronto. El día San Felicita, cuando empiece el armanaque nuevo, ¡Sia cará!"
El vaticinio del espíritu Congo impresionó a la concurrencia, que sintió vengar con ello el vandalismo nazi del anterior 12 de agosto. En lo íntimo de sus corazones, predominaba el resentimiento contra el espía nazi, no la conmiseración. Solo por el respeto que sentían hacia Catalina Catalá y a su hija accedían a invocar el favor de los santos para ayudar al tenebroso personaje que había sentado está noticia a nivel nacional e internacional.
Con el crucifijo en la mano derecha, Catalina Catalá se puso de pie y les rogó a los presentes:
—Hermanos, recemos la oración del Justo Juez, que es tan prodigiosa en estos casos. Por favor, todos conmigo:

"Hay leonas y leones que vienen contra mí. Deténganse en sí propio, como se detuvo mi Señor Jesucristo con el Diminusdeo y le dijo al Justo Juez: ¡Eh, Señor, a mis enemigos veo venir! Pues tres veces repito: Ojos tengan, no me vean; manos tengan, no me toquen; boca tengan, no me

hablen; piernas tengan, no me alcancen. Con dos los miro, con tres les hablo, la sangre les bebo, el corazón les parto.
"Por aquella santa camisa en que tu Santísimo Hijo fue envuelto, que es la misma que yo traigo puesta, y por ella me he de ver libre de prisiones, de hechicerías, de maleficios. Por lo cual me encomiendo a todo lo angélico y sacrosanto, y me han de amparar los santos evangélicos, pues primero nació el Hijo de Dios y vosotros llegáis derribados a mí como el Señor derribó el día de Pascuas a sus enemigos.
De quien se fía es de la virgen María, de la hostia consagrada que se ha de celebrar con la leche de los pechos virginales de María Santísima, por lo cual me he de ver libre de prisiones, de hechicerías, de maleficios, ni sangre derramada, ni seré atropellado, ni moriré de muerte repentina, y me encomiendo a la Santa Veracruz, Dios conmigo, yo con Él; Dios delante, yo detrás de Él, Jesús, María, y José".
Tan pronto terminó el oficio, en el que Catalina Catalá hasta le ofreció un tambor a Yemayá por la suerte de Lunin, Olguita se retiró llorando a su cuarto ante la caridad de los participantes. Los últimos días habían sido difíciles para ella. Se vio en la situación inconcebible de compartir la celda de un presidio con prostitutas, como Juana la cubana y Nalga Linda, que se habían acostado precisamente con su amante, a quien ella siempre había considerado un hombre de principio.
Pese a que, por ser la amante del espía nazi, jugaba un papel importante en las investigaciones, el Comandante Faget fue bastante benévolo con ella cuando la sometió a interrogatorio y comprobó que la popular cantante nunca había sospechado que su pareja fuera un fiel vasallo de Hitler. "Todo tenía que deberse a una fatal equivocación, o a una campaña inmoral de individuos inescrupulosos para

ganar popularidad...", repetía indignada, Olguita cuando se encontraba en los calabozos del SIAE. Para ella, el amor no admitía antifaz. A toda costa tenía que hablar con Lunin para que le devolviera la cordura. Ahora comprobaba que era cierto lo que desde el primer momento el congo Taita le había señalado: "¡Tú ser hombre de trapo negro con calavera! ¡Misericordia pa' ti! ¡¡Qué Dios te perdoné, cará!". Aquellas palabras repicaban continuamente en su conciencia.

Capítulo 35

En el tribunal de la Habana ubicado en la calle Chacón. En la mañana del 18 de septiembre al terminar de emitir las diez campanadas del reloj de la pared. Se dio Inició al juicio contra Heinz August Lunin, por el delito de espionaje. A las siete de la mañana habían llevado al acusado para que compareciera ante la Audiencia; estaba vestido con traje gris, corbata azul y zapatos color avellana. Lo habían escoltado dos autos patrulleros y más de quince agentes armados con subametralladoras, bajo el mando del Primer Teniente Antolín Falcón perteneciente al Buró de Investigaciones.
Integraban el tribunal los magistrados Dr. José R. Cabezas, como Presidente; Dr. Mauricio Monteagudo, fiscal; Dr. Armando Rabell, defensor de oficio; Dr. Rogelio Benítez, secretario; Dr. Cayetano Socarrás, jefe del Ministerio Fiscal; los letrados Carlos Reyes, Domingo Macías, José Ferrer, Antonio J. Vignier, y el Dr. Prieto. Además se encontraban presentes: peritos náuticos, expertos electrónicos,

investigadores y comandantes de la Policía Nacional Constitucional y Mr. Edwin L. Sweet, asesor del FBI.

— ¡Póngase de pie, acusado! ¿Es usted, Heinz August Lunin, o Enrique Augusto Lunin «inquirió el Presidente del Tribunal».
—Sí, señor.
—Se le acusa de espionaje a favor de una potencia extranjera. ¿Se confiesa culpable?
—Me confieso culpable de ofrecer información de carácter comercial a la potencia extranjera; pero no estimo que mi conducta sea la de un espía, propiamente dicho.
— ¿Quiere usted declarar... acusado?
—Quiero decir que el acta policial donde consta mi confesión es verdad. Lo que aparece consignado en ella, lo dije espontáneamente y por mi propia voluntad. Sobre mí no ejercieron violencia de ninguna clase.
Avanzado el juicio, uno de los magistrados, quien extrañado por la afición del espía alemán a los canarios y consideraba que era un ardid del acusado para transmitir por radio mensajes a los centros de Inteligencia alemana. Tomó la palabra y preguntó:
— ¿Los investigadores de la Policía dicen, que usted tenía canarios con el objetivo de confundir a quien pudiera percibir el sonido de su transmisor, es cierto?
—Están en un error. Se trata de una costumbre de la región de Hamburgo. Yo siempre tengo canarios viva donde viva, de esta forma recuerdo a mi patria.
El Presidente del tribunal, llamó al estrado a los peritos de radio: Alfonso Hernández Catá y Juan Valdés, para que efectuarán las pruebas periciales al transmisor confiscado del espía. Sin vacilación, declaró Valdés:

—Desconozco si los alemanes u otros han descubierto algo nuevo en esta materia últimamente, pero doy por seguro que este aparato no puede efectuar transmisiones.
Hernández cotejó lo dicho:
—Con lo que tengo a la vista, estimo que es imposible transmitir. Haría falta para ello, entre otras cosas una batería o fuente de energía de una potencia extraordinaria, que nosotros no conocemos.

Posteriormente, llegó el turno para los peritos calígrafos: Rafael Plasencia y Antonio Martínez del Riesgo, Cada uno observó los documentos presentados para estudio caligráfico; tras exhaustiva comparación. Declararon con seguridad; que la letra coincidía sin lugar a dudas con la del procesado.

A petición del fiscal, Mauricio Monteagudo, fueron llamados los oficiales de la Marina de Guerra, Fernández Supervielle y Pascasio Díaz Miniet, se les pidió examinar el documento ocupado a foja 27 del sumario. En que el acusado Heinz August Lunin avisaba a un contacto en Maquinarias Industriales de Bilbao: "vigilar a las 18:00 horas, el Punto 55.47 W. 36.9 Norte Nordeste".
—Como fiscal estimó que esa coordenada de posición coincide con el lugar donde han sido hundidos numerosos barcos, incluidos los vapores Manzanillo y Santiago de Cuba. El momento más dramático del juicio se produjo en ese instante ¡Un silencio tenso enmudeció a los asistentes en la sala! Los oficiales navales desplegaron una carta náutica; trazaron las coordenadas e hicieron cálculos. Finalmente informaron:
—Es una posición situada al este de Norfolk.
— ¡Con permiso del tribunal! Pido la palabra «demandó inmediatamente Lunin al presidente de la Sala». He

esperado ansioso por este momento... Quería que se demostrase que he sido ajeno al hundimiento del Manzanillo y del Santiago de Cuba. Yo no podría hacer este daño a Cuba, cuando he sido tan benévolamente acogido aquí. Quiero que se sepa que asistí al sepelio de las víctimas de ese hundimiento y que me asocié sinceramente al dolor del pueblo cubano. Que se me hubiese acusado de esos torpedeamientos... me hubiera dolido mucho. Ahora que se demuestra lo contrario, estoy más tranquilo. Muchas gracias.
Un rumor recorrió el salón. El agente especial Edwin Sweet carraspeó y tragó en seco, preocupado ante la posibilidad de que el nazi utilizará hábilmente la falsedad de endilgarle a los Estados Unidos los torpedeamientos de un submarino norteamericano. Para neutralizar las presuntas y componendas de altos funcionarios del gobierno cubano, sobre tan controversial asunto. El presidente del tribunal no dio tiempo a debatir y en tono autoritario anunció un receso hasta después del mediodía.

Una vez reiniciado el proceso, el fiscal Dr. Monteagudo tomó la palabra y comenzó su exposición ante los miembros del jurado:
—Quiero que sepan los aquí presentes que el acusado penetró ilegalmente en nuestro país en tiempo de guerra, violando las leyes de Inmigración y Extranjería registradas en la Constitución de la República. Igualmente, enviaba informes secretos a los nazis, poniendo en peligro la estabilidad de nuestra economía y la seguridad estatal con perjuicio de la paz y el sosiego de la nación. Luego de irrefutables pruebas presentadas y aceptadas por el acusado, su caso tipifica la labor del espía clásico, por lo cual vistos los antecedentes y en representación de la sociedad cubana, al amparo de las leyes vigentes y teniendo en cuenta la

irreparable pérdida de la vida de los marinos cubanos, recientemente asesinados en tan fatal suceso, por todo ello. ¡Solicito la pena de muerte para el acusado! Que le sea aplicado el método de fusilamiento.
Al escuchar las palabras del fiscal, Lunin palideció sintió algo estremecedor, una sensación de vértigo y temblor de su cuerpo fue visible. Aquella sanción lo tomó completamente imprevisto.

El Dr. Armando Rabell ocupó el estrado con la intención de rebatir los argumentos del fiscal.

— "Jamás se ha debido juzgar, señores del jurado a mi defendido por un tribunal ordinario y menos solicitar la pena de muerte. Su delito es contra la estabilidad de la República, sancionado exclusivamente por el Código de Defensa Social. Con este juicio se han violado diversos artículos de la Constitución de la República; incluso del propio código y de otras regulaciones legales. Estimo que este tribunal debe considerar, no la pena de muerte, sino la de veinte años de prisión, la cual pido para mi defendido."

A las 4:15 de la tarde el tribunal dio un recesó, declarando que el juicio quedaba inconcluso para dictar sentencia, la cual se daría a conocer a la mañana siguiente.

Le fue autorizada la petición de Lunin para tomar un poco de sol en el patio de la galera donde se encontraba su celda; empezó a pasearla pensativo de un lado para otro contemplando absorto las nubes que se dibujaban caprichosamente en el cielo, tal vez añorando los momentos de felicidad, paseando de la mano con Olguita. Tejiendo sus recuerdos vino a percatarse de la presencia de Herr Degan que igualmente vestido de presidiario se dirigía hacia él.

Situación tan casual que le pareció inusitada, no habían custodios fisgoneando sus pasos; por el contrario, los que había visto al salir al patio se habían retirado. La conversación se inició entre los amigos recordando los tiempos universitarios, cuando comentaban sus sueños. Lunin estudiaba Ingeniería Mecánica y Degan, Ingeniería Química. Aquellos eran años quiméricos en los cuales América se configuraba como el paraíso prometido. La conversación giró hacia la realidad de ese momento que atravesaban. Receloso por el inesperado encuentro, el espía de Bremen mantuvo discreta reserva. No era difícil sospechar de las mañas de la que se valía Faget para obtener información.
— ¿Te enteraste del destino fatal del U-158 que ayudamos a salir de Paredón Grande? «Preguntó Herr Degan a Lunin».
—Sí, fatalmente un avión Mariner sorprendió a la tripulación tomando el sol en cubierta y les lanzó una carga de profundidad que hizo blanco en la torreta. No hubo sobrevivientes, 53 muertos. En la finca de Camagüey tuvieron su ultima cena, como la que me van a dar a mí... «Dijo Lunin» con expresión lúgubre que se reflejaba en su rostro».
—Bien, hicimos lo posible. Al menos, hemos contribuido a perjudicar la navegación norteamericana frente a las costas de California y en las costas del Atlántico «apuntó el viejo Degan».

Cuando regresó a la celda, el jefe del SIAE llamó en privado al compañero de Lunin, para preguntarle secamente:
— ¿Qué puede decirnos señor Degan de la conversación con el Sr. Lunin?
—Le puedo decir, Comandante, que no parece preocupado. Me ha jurado que "no informó sobre la salida de los barcos mercantes cubanos hundidos, que su misión era de más

envergadura que la de dar cuenta de esas pequeñeces. Tal vez, sería el gauleiter de Cuba... Que no podía concebir que los submarinos alemanes ataquen exclusivamente a unos barcos cargados de azúcar. Me dijo además, que tenía más valor estratégico para cualquier nación beligerante hundir un destroyer que un mercante. Igualmente, dice que le resulta muy sospechosa aquella acción. No le duele ser prisionero, ni que lo condenen a muerte. Lo que le produce gran indignación, es que lo sentencien por algo que no ha cometido. A su juicio, "el hundimiento de esos barcos responde a un plan diabólicamente trazado, para provocar la reacción favorable de los pueblos de América hacia la causa aliada". Por último, me dijo: "que si lo fusilaban por ser comandante del ejército alemán y espía lo encontraba razonable, era parte de sus responsabilidades y riesgos." Todo esto es cierto, Comandante, positivamente cierto...

A la mañana siguiente, en horas tempranas y fuerte escolta policial volvió el acusado al Tribunal. Allí se promulgarían finalmente su sentencia. Los minutos para Lunin se transformaron en siglos, parecía que el reloj se negaba a avanzar.

El secretario del tribunal miró a los miembros del jurado y paseó la vista por todos los magistrados que estaban a la espera de la sentencia. Con tono leguleyo, dio lectura a cuatro considerandos:

— "FALLAMOS: en contra del acusado Heinz August Kunnin, conocido como Enrique Augusto Lunin, quien fue encontrado culpable por delito de espionaje, hallado autor directo del acecho a nuestra patria, pasó información confidencial, acto cometido en estado de guerra con nación extranjera. Dictamos la sanción capital de muerte; que se ejecutará por fusilamiento, a tenor de lo que dispone el Artículo 1 de la Ley de 13 de octubre de 1936".

Con cada palabra Lunin comenzó a transfigurarse, veía a los magistrados como figuras fantasmagóricas confabuladas a su alrededor, representaban la muerte.
—No se angustie usted, aún nos queda el recurso de apelar. Y si de algo estoy seguro es que si en la apelación se declara testigo de Estado se le conmutará la pena de muerte por la de veinte años de prisión. Por ahí nos vamos a ir, tenga fe «le dijo en tono optimista» su abogado defensor.

Capítulo 36

La puerta de la reja chirrió como si los barrotes estuvieran reclamando la grasa que no habían recibido en siglos. El agudo ruido despertó a Lunin quien dormitaba al mediodía en la celda de la prisión llamada Castillo del Príncipe.
La expresión sombría en el rostro del abogado Armando Rabell hizo que el espía alemán le preguntara angustiado:
— ¿Qué pasa, doctor, perdimos?
—El Tribunal Supremo acaba de fallar el recurso de casación, declarándolo sin lugar. Se ha frustrado nuestra esperanza. Yo confiaba en el éxito de esta apelación, señor Lunin. ¿Me autoriza usted a realizar otro tipo de gestiones que de alguna forma puedan contribuir a cambiar el rumbo de los acontecimientos? «Inquirió el defensor» con un dejo de incertidumbre.
— ¿Qué clase de gestiones? ¿!De perdón!? ¿!Clemencia!? «Respondió malhumorado».

—Bueno… Usted sabe…, quizá si los católicos, o tal vez los masones… ¿Cuál es su religión?
—Yo soy católico, doctor; pero no creo que… mire, mi padre era masón. Fue un alto dignatario de la masonería en Bremen.
—Entonces… me autoriza «precisó Rabell».
El Comandante Faget se entero de la entrevista sostenida entre el abogado de oficio y Lunin. Consideró que dichas gestiones podían representar un obstáculo a los intereses que estaban en juego e hizo todo lo posible para hacerlas fracasar. De nada sirvió el acercamiento de Rabell a la Gran Logia cubana, no llegó a ningún entendimiento con la misma. Al abogado no le quedó otra opción que regresar apesadumbrado al Castillo del Príncipe para informar a Lunin.
— ¿Y ahora qué haremos, doctor? ¿Qué más podremos hacer?
—Pensar, pensar y esperar «fue la respuesta de Rabell».
De pronto, por la mente de Lunin cruzó una idea para salir de la difícil situación que afrontaba.
— ¿Es fácil en Cuba, doctor, que cualquier ciudadano ajeno a las actividades oficiales, llegue hasta el jefe de Estado? ¿Usted cree que podría hablar con el Señor Presidente de la República?
—Yo, sí señor. Yo puedo llegar, pero… ¿Qué fin busca, que propone?
—Escribirle una carta de mi puño y letra al Presidente Batista, pidiéndole clemencia; suplicándole que me conmute la pena por la de cadena perpetua.
—Está bien; pero no sé si el Señor Presidente… «Convino Rabell con una inflexión de duda».
—De todos modos, doctor ¿La podría usted llevar? «Insistió, aferrándose a su corazonada».

—Yo sí «asintió su defensor»; aunque no olvide que debe contar con la autorización del Capitán Orive, el jefe de este penal. Recuerde toda correspondencia suya será sometida para aprobación, esa carta tendrá que ser autorizada por él.
Tan pronto se marchó el defensor. Lunin en su desesperación se dirigió al Teniente Cruz de la guarnición y le pidió:
—Puede avisarle al Capitán Orive, deseo hablar con él, en privado.

El Capitán llegó al rato acompañado con su secretario, Modesto García Tuñón. Lunin le habló:
—Capitán, usted que es militar ¿Cree que pueda interpretarse como cobardía, que un hombre en mis condiciones se dirija al Señor Presidente de la República para pedirle clemencia? ¿Lo haría usted, en un caso semejante?
El militar cubano, formado entre pucherazos y componendas, lo miró de soslayo, quedó en silencio, cocinando la respuesta que demandaba la difícil situación con la que Lunin lo comprometía. Instruir a un comandante de Hitler sobre cuestiones de honor no era asunto fácil. Él que había sobrevivido a los asaltantes del hotel Nacional y del Castillo de Atarés... Finalmente, carraspeó inquieto y profirió su respuesta:
—Bueno, verá usted, su situación es grave y no creo que sea cosa de pensar en lo que haría otra persona. ¿Piensa usted suplicar el perdón presidencial?
—Sí usted me autoriza y puedo enviarle mi carta al Señor Presidente, la escribo esta misma noche «afirmó nerviosamente».
—Creo que podré autorizarle. ¡Escríbala!
El Sturbamführer del Servicio Secreto alemán miró fijamente a los ojos del veterano capitán, quien dio media

vuelta y salió de la celda. Quedó caviloso al verlo caminar con arrogancia por el pasillo, desde las celdas recibía una lluvia de improperios por parte de los presos.

A la mañana siguiente, cuando el sol reverberaba y castigaba los muros del viejo castillo, convertido en prisión, llegó el doctor Armando Rabell a la celda de Lunin.

—Le comunicó que esa noche el Presidente Batista recibirá su carta. ¿Hizo ya la carta, señor Lunin? «Preguntó con desganado optimismo».

—Aquí la tiene, doctor. ¡Pero olvídese de ella! Lo he pensado mejor: ¡Los hombres no piden clemencia! «Manifestó, absolutamente convencido» y despedazó la carta.

—Sé que es doloroso y casi terrible, lo que le voy a preguntar: ¿Quiere usted un sacerdote para confesarse?

La reacción del oficial de Canaris fue imprevisible para Rabell. Lejos de aterrarlo, aquella pregunta le provocó una risa sarcástica. Seguidamente con marcada ironía, le dijo a su defensor:

—Más adelante, doctor, ¿o es que acaso ya estoy en artículo de muerte?

Entonces, Rabell consideró oportuno el momento para plantearle a su defendido un tema delicado. Balbuceó con timidez:

—Me da muchísima pena planteárselo amigo Lunin. Pero usted, que es un hombre de experiencia en los negocios, sabe perfectamente lo cara que está la vida. Me atrevo a decirle esto porque, verá, por concepto de viajes y honorarios que he invertido en su caso... Bien, tengo que presentarle una pequeña cuentecita. Unos, digamos, quinientos pesos como pago compensatorio por su defensa...

Lunin respondió con una nueva carcajada. El agente del Reich lo miró de arriba a abajo antes de responderle:

— ¡Pero usted debe haberse vuelto loco! ¡Cómo le voy a pagar para que me maten! ¡Cosa así no se le hubiera ocurrido ni a mis compatriotas de la GESTAPO!

El 28 de octubre, el lujoso hotel Mayflower, cerca de la Casa Blanca, en la Avenida 1127 del distrito de Columbia en Washington, fue escogida como marco para la recepción a numerosos agentes de la sede central del FBI. También la céntrica instalación fue testigo del banquete de honor ofrecido a la delegación policial cubana, integrada por el General Manuel Benítez, el Comandante Mariano Faget, el Dr. Iroel Castellanos y otros altos funcionarios de la Policía cubana.

En la mesa, John Edgard Hoover y su Director Asistente Clyde Tolson, aprovechaban la ocasión para celebrar dos décadas dedicadas al adiestramiento de agentes especiales para combatir actividades que iban en contra de la estabilidad de los Estados Unidos y del hemisferio. Después del banquete, el General Manuel Benítez posó para la Prensa junto a Hoover, con una decena de directivos del FBI y la comitiva cubana.

El G-Man Numero Uno departió amigablemente con los oficiales cubanos y les explicó las medidas especiales que la guerra había demandado. De cuarenta y dos, existentes Oficinas de Campaña del FBI se habían incrementado a cincuenta y cuatro, y de los trece mil agentes especiales; cuatro mil estaban asignados a las actividades de contrainteligencia, que el SIS había creado para tal efecto. Igualmente, el desembarco de los saboteadores nazis en Amagansett, Long Island y Ponte Vedra, habían conllevado a reforzar las medidas de defensa en los Estados Unidos.

El Dr. Israel Castellanos fue celebrado igualmente por Hoover por sus resonantes éxitos en el desvelamiento de los crímenes que conmocionaron a la opinión pública, entre ellos el de la famosa prostituta Nena Capitolio.

"—La prueba de la parafina, fue el dedo acusatorio que permitió imponerle una larga condena, pese a la intervención de influyentes personajes, que extrañaban las apasionadas y especializadas caricias que la prostituta les prodigaba" «señaló el chino Castellanos, como familiarmente le apodaban en los predios policiales».

El FBI ofreció actividades previas a la comitiva policial cubana. Los llevaron a un recorrido por su Academia, en la base militar de Quántico, Virginia. El lugar produjo en los funcionarios cubanos una impresión agradable. Una inmensa zona de parqueaderos se extendía antes de entrar al edificio central de la academia, que ocupaba una extensión de 385 acres en un medio boscoso, adecuado para los tipos de entrenamiento que reciben los alumnos. Además de las oficinas administrativas y los almacenes, el establecimiento cuenta con tres zonas de dormitorios, aulas, laboratorio forense, biblioteca especializada, un auditorio para mil asistentes, gimnasio, capilla religiosa, un campo de tiro de 200 yardas, la imitación de una ciudad típica americana llamada el Callejón de Hogans, observaron las fachadas replegadas, diseñadas para las prácticas operativas a las que los agentes federales tienen que enfrentarse con frecuencia.
El adiestramiento comprende conocimientos teórico-prácticos de policiología, interrogatorios, investigación, vigilancia y defensa personal consistente en una mezcla de Jut jit siu y boxeo.
El lema Fidelidad, Valor e Integridad es inculcado a los aspirantes a agentes especiales, quienes se comprometen a mantener obediencia estricta para los Estados Unidos y la

Constitución, velando por la seguridad ciudadana y la estabilidad de la nación. Previamente se hace una verificación rigurosa de sus antecedentes personales y familiares, rendimiento académico y conducta moral.
—Con una institución así, extendido su brazo defensivo a la América, la democracia está salvaguardada. El SIAE sabrá tomar el ejemplo de sus agentes, elevando su nivel formativo y combativo contra las fuerzas oscurantistas del Eje, que hoy amenazan al mundo «expresó emocionado el Comandante Faget al Director Ejecutivo de Hoover».
La despedida de la comitiva cubana abundó en ponderaciones, y adhesiones incondicionales al fundador del Federal Bureau. Por su abnegada lucha contra las actividades de espías y quintacolumnistas, John Edgar Hoover recibió las distinciones de Honor Azul Turquí, del 4 de septiembre y la de los Méritos Militar, Naval y Policiaco. Iguales condecoraciones recibió Edwin L. Sweet, agente especial Núm.253, de 29 años de edad y quien había contribuido notablemente a la captura de Lunin.

Capítulo 37

—Arriba, rememos que aquí no pican, jefe. Nos trasladamos para Columbia «dijo el Comandante Miguelón» al presidente Batista. La cosa pinta fea en París, la GESTAPO tan pronto fusilemos al espía van a ejecutar a treinta y siete cubanos que tienen internados en Front Stalag. A usted, también le han mandado un mensaje por Radio Berlín que dice textualmente: "No olvide presidente que el palacio está muy cerca del mar..." Además, recibí un radiograma de la Marina de Guerra reportando que hay varios submarinos merodeando la costa... Así que, por si acaso, es mejor estar a buen resguardo... ¡Quien da hacha muy arriba, le cae astillas en los ojos! Pero si usted lo ordena como defensa ponemos frente al Morro al crucero Cuba.

—"¡No jodas tú con la chatarra esa! «Fue la imprecación de Batista» ante la absurda propuesta y agregó ¡Coño, la amenaza de los nazis me viene de perilla! Puede que hasta me gane una invitación para viajar a los Estados Unidos; pero lo de los cañonazos a Palacio, que se lo tiren a su madre".

Sin pérdida de tiempo, al anochecer la posta uno presentó armas ante la hilera de autos que transportaban a Batista, con toda su familia, al Castillito, la residencia presidencial en medio del campamento militar de Columbia. "El horno no estaba para galletitas", como dijo Miguelón.

Después de una cena frugal el presidente Batista recibió una llamada telefónica de un dignatario eclesiástico, que en tono calmoso le expresó:

—Aló, presidente, aunque reconozco que no es un momento propicio, aunque dada la gravedad del asunto me he tomado la libertad de interceder por el Señor Enrique Augusto Lunin, acusado de espiar para una nación, no aliada. ¿Conoce usted que el Señor Lunin es un ferviente católico? «Dijo con una inflexión significativa en la voz».

—Un católico, Excelencia, no espía a barcos inocentes para después contemplar impasible su hundimiento «replicó el jefe del Estado».

— ¿No cree usted que todos somos pecadores?

— ¡Pero es que yo no soy el que lo juzgo, ni Dios para perdonarlo! Sino un representante elegido por el pueblo democráticamente.

—Si esa es su opinión, señor presidente, entonces, ¡Que tire la primera piedra el que esté libre de pecados! «Enfatizó el interlocutor al otro lado de la línea».

—Sin embargo, Excelencia, le aseguro que si no hubiese ya firmado esta misma tarde el Cúmplase, por usted hubiera sido capaz de reconsiderar el caso... ¿Cómo no me llamó antes? ¡Alabado sea Dios! Entiendo que el Coronel Laredo Brú ya lo remitió al Príncipe. Créame, lo siento mucho, de todo corazón.

Al colgar, sin disimular su enojo, Batista a viva voz reclamó la presencia de su secretario.

"— ¡localícenme ahora mismo a Moralitos!"

Antes de la medianoche el secretario Morales del Castillo, inquieto por la premura, hacia acto de presencia en el Castillito.

—Moralitos, hay que redactar el Cúmplase de Lunin, vamos a hacerlo de inmediato. Mañana a primera hora tiene que estar en el Castillo del Príncipe, firmado por los ministros Zaydín y por Laredo Bru. No puedo dejar pasar ni un minuto más

—Lleva usted toda la razón, mi Presidente «convino Morales del Castillo mientras que ordenaba el legajo judicial». Ya los familiares de los marinos torpedeados están dando lata y hablando de infundadas componendas con los nazis para dejar al espía con vida. Además, están exigiendo el seguro de vida, que, por cierto, la Naviera no se los ha pagado ni a las madres, ni a las viudas. ¡Para colmo, el negro comunista de Lázaro Peña ya está orquestando la gritería!

—Trata de agilizar esa situación y que se les pague. Me dijo el embajador Spruille Braden que les iba a dar una medalla a las madres y viudas «comentó Batista».

— ¿De oro, mi Presidente? «Preguntó con irónica ingenuidad» el secretario presidencial.

— ¡Qué de oro, ni un carajo! ¡No sea usted verraco! ¡Puro cobre! Sin embargo, a los hijos de las víctimas, y a algún otro, me les otorgas becas en el Instituto Cívico Militar, de Ceiba del Agua. Allí se harán buenos soldados para defender la Patria.

Una hora después el mandatorio rezaba lacónicamente:
"PRIMERO: Declarar que no existen razones de justicia, equidad o conveniencia pública que aconsejen el ejercicio de la gracia de indulto que la legislación vigente confiere al Poder Ejecutivo, a favor del reo Heinz August Kuning, o Lunin, o Enrique Augusto Lunin.
SEGUNDO: Disponer que se dé cumplimiento a la sentencia de muerte por fusilamiento, dictada por el Tribunal de Urgencia de La Habana, en la Causa Nro. 1366 de 1942, con remisión del proceso al Tribunal Sentenciador.
Dado en el Palacio de la Presidencia, en La Habana, a ocho de noviembre de mil novecientos cuarenta y dos".

Mientras tanto, en Berlín el Reichführer Protektor, Heinrich Himmler, cerró los puños, reprimiendo la ira que le asaltaba ante la imposibilidad de darle un buen escarmiento a los cubanos por juzgar a lo más puro de la raza aria germana; pero la cordura le obligaba a escuchar el análisis del jefe de la Sección VI-D de la Dirección de Seguridad del Estado, que atendía Latinoamérica. Según le informó al jefe máximo de las SS, entre los cubanos las pasiones se exacerbaban rápidamente, por tal motivo, pasar por las armas a los prisioneros en Front Stalag, era arriesgarse a que una muchedumbre se lanzara a las calles con el propósito de linchar a cuanto alemán encontraran a su paso. Algo así colapsaría al reducto de agentes del Reich que aún se mantenían en la isla, subvirtiendo los propósitos de grandes miras que existían con Cuba, como catapulta de espías hacia los Estados Unidos.

Argumento tan sólido hizo que Himmler diera la orden de suspender el fusilamiento, pese a que los cubanos ya estaban en el patio de la prisión frente a tres ametralladoras en espera de ser ejecutados.

Capítulo 38

A la tarde siguiente, Heinz Lunin tomaba al fondo de la galera un baño de sol, vestido con el uniforme de un preso, en el cuello se destacaba una cadenita de la que pendía un crucifijo de oro y hacia contraste con el vestido de color azul oscuro. Dos escoltas del presidio lo llamaron para llevarlo ante el Capitán Rogelio Oliva, quien acompañado por el Dr. Delaville, le notificó en un tono de solemnidad. "El Cúmplase de su sentencia de muerte".

— ¿Quiere usted firmar como enterado? «Preguntó el diligente secretario».

— ¡Cómo no! ¡Muchas gracias! «Respondió con ironía».

Horas más tarde, el Capitán Orive se presentó con dos soldados en la celda del hombre de los canarios y le informó con tono marcial:

—Lo siento, pero tengo órdenes de que ingrese en la capilla, porque mañana a las ocho de la mañana serás fusilado.

Al escucharlo, el oficial del Abwehr se cuadró, saludó militarmente al militar cubano y respondió:

—¡Ya cumplí con mi patria!

Acto seguido solicitó hojas de papel para redactar su testamento, en el que le legaba a su amigo Herr Degan su ropa y un reloj pulsera de oro que le había comprado

Olguita en la joyería Cuervo y Sobrino. A Claribel Stincer y a Emilio Pérez, sus amigos de la pensión de Teniente Rey, los hacía herederos de diez mil pesos, divididos independientemente en cinco mil pesos para cada uno. Extrañado, el Capitán Orive de esa determinación, le preguntó los motivos que le asistían.

—"Sencillamente porque si ellos en el futuro deciden separarse, por cualquier circunstancia, ya tienen dividido el capital sin más trámites judiciales. Esto servirá para que se mantengan más unidos. Es un matrimonio feliz y quiero que sigan siéndolo".

Mientras el cálido sol se escurría en las mazmorras del Príncipe, la presencia de Oyá, con su saya de nueve colores, se desplazaba entre las celdas, como remolino dando vueltas en los pasillos al compás de tambores batá, para terminar su danza macabra frente al calabozo del espía, a quien le lanzó una carcajada aterradora.

Desde que el reo ingresó en Capilla le llevaban con frecuencia filetes guarnecidos con papas fritas, a la tercera vez le dijo malhumorado al carcelero:

— "¡Oigan, ustedes hacen conmigo lo que hacen con sus puercos, que los engordan antes de matarlos".

Vencido por la tensión, se recostó en el catre y se quedó dormido. Por su mente empezaron a desfilar imágenes fantasmagóricas de su niñez, el rostro de sus padres, Elise y Stefan, quienes le decían que no se manchara las manos de ese líquido viscoso y putrefacto que unos hombres encapuchados de negro vertían a raudales. En su fantasía onírica se veía danzando alrededor de una pira gigantesca a la cual arrojaba libros con el rostro de Cristo Jesús, mientras Batista alimentaba constantemente el fuego.

Despertó sobresaltado de la pesadilla al escuchar confusamente una voz que le decía: hijo, despierta, no te angusties... Al volver a la realidad vio sentada a su lado a

una monja que le sonreía con un breviario de oraciones entre las manos. Se trataba de la Hermana Sor Mercedes, del Colegio de la Inmaculada Concepción
—Madre, madre, qué bien ha hecho en venir... antes de morir desearía confesarme. Soy pecador y estoy sinceramente arrepentido «manifestó con pesadumbre».
Sin pérdida de tiempo, su petición fue recibida en la parroquia dominica del Vedado y antes que el reloj marcara las ocho de la noche entraban en su celda dos sacerdotes dominicos, que bajo el secreto de confesión oirían las últimas revelaciones del espía.
Con el rostro contrito, se arrodilló a solas frente al Reverendo Ángel Rey y dio inicio en voz baja a la relación de sus culpas, hasta que el confesor le hizo la señal de la cruz, poniéndose de pie para abrazarlo. El otro sacerdote, José Romero, se despidió imprimiéndole un beso en la mejilla.
Cuando los religiosos salieron del corredor de la muerte se cruzaron con los agentes Mr. Sweet y Sir Mitchel. El agente británico les preguntó:
— ¿Qué opinión se lleva del reo, padre?
—Que se ha confesado un verdadero católico.
— ¡Verdadero católico, padre! ¡Un representante de la fuerza más criminal del planeta!
—Está completamente equivocado, señor oficial. El que dice amo a Dios y al mismo tiempo odia a su hermano, es un mentiroso. Pues si no ama a su hermano, al cual ve, tampoco puede amar a Dios, al cual no ve. Primera de Juan 4, 20.
—También Juan dice en la Biblia, padre: "Porque todo aquel que obra el mal, aborrece la luz".
Cuando los sacerdotes abandonaron la celda, el Capitán Orive entró a la misma para conversar con el preso.

—La vida es así «le dijo Lunin». He jugado una partida peligrosa y he perdido. No hay más que un camino, pagar y resignarse. Es el destino.
—Señor Lunin ¿No le parece que hubiese sido preferible haber traído a su esposa e hijo para Cuba junto a usted? Tal vez no se habría visto presionado para seguir como espía de su país. ¿O eso está terminantemente prohibido?
—Me obligaron a dejarlos, es una garantía. No es por desconfianza, sino porque, como las mujeres son ligeras, hay que evitar las indiscreciones, que en esta profesión son peligrosísimas. Además, un hombre solo no llama la atención.
El vigilante que custodiaba al condenado interrumpió la conversación para preguntarle en voz baja qué prefería comer en su última cena. Había instrucciones precisas de complacer cualquier petición que hiciera. El espía de Bremen quedó pensativo por un momento, hasta que confeccionó el menú.
—Amigo, para empezar me apetecería potaje de judías, que dicen que revive a un muerto, arroz blanco bien desgranado, papas fritas, plátanos maduros fritos, bistec de filete, una Coca Cola y un helado de piña. Recuerdo que una vez le dije a una buena amiga: ¡Después de potaje de judías, que me maten! Y sin más comentario, encendió un tabaco H'Uppmann recostándose hacia el lado izquierdo del catre, que daba a la pared, para contemplar en silencio durante una hora la foto carné de su esposa Helga.
De repente, se levantó con el ánimo recuperado, y dirigiéndose al oficial García Tuñón lo invitó a jugar una partida de parchís.
— ¡Tengo la seguridad de vencerle a usted!
—Está bien, escoge las verdes. Las verdes son la esperanza y no debes de perderla hasta el último momento. A lo mejor esto se arregla a última hora «le respondió García Tuñón».

—Bueno amigo, coge tu entonces las fichas rojas, que representan la sangre que voy a perder dentro de unas horas «comentó mientras sacudía los dados».

Hacia las dos de la madrugada se cansó de jugar, se estiró en la silla bostezando varias veces. Sus ojos estaban enrojecidos y bajo sus párpados asomaban oscuras ojeras por la fatiga de la noche.

—En esta noche de mi ocaso, mi noche 407 en La Habana, me gustaría estar con Olguita «solicitó al oficial de Faget, que a ratos se asomaba a la capilla ardiente».

El policía argumentó que sus superiores no accederían a una petición de esa índole, a pesar de que Olga está escandalizando a las puertas de la prisión, solicitando que la dejen pasar.

—Tal vez lo consolaría más pensar en su esposa y en su hijo en los últimos instantes de su vida «al escucharlo, Lunin rompió en sollozos».

Las palabras del militar habían impactado psicológicamente en sus sentimientos más profundos. Inútiles fueron los intentos de Rabell, que entraba en esos momentos a la celda, para calmarlo. Cuando se hubo sosegado, el espía pidió papel y un sobre para escribirle una carta a su mujer.

Dos largas cartas en inglés le escribió a su esposa Helga Barbara Bartholome. Una de ellas comenzaba manifestando:

— "No llores por mí, la vida nos depara estas cosas. Guía al pequeño por la senda del bien, nunca le digas cómo he muerto. Estoy en trance difícil. Mi vida solo depende del presidente de la república. Si muero es por defender a mi patria. Mi último recuerdo es para ustedes. Este país es muy bueno, lástima que lo haya conocido en tiempo de guerra..."

— ¿Podrá garantizar que estas cartas lleguen a mi esposa en Alemania? «Le preguntó al Capitán Orive».

—Confíe en mí, serán enviadas a través de la Cruz Roja Internacional «le aseguró el jefe de la prisión».
Un habano tras otro comenzó a fumarse mientras se movía de un lado a otro por la estrecha celda. Temiendo que sufriera otra crisis, el abogado Rabell le aconsejó que durmiera, pues de ese modo sus nervios se aquietarían.
—Ese sería mi mayor placer, querido doctor; pero hace muchas semanas que el sueño no quiere ser mi amigo. Huye de mí en las horas en que más necesito ahuyentar los recuerdos. No puedo dormir. Escapa ese viejo camarada de mi lado, acaso porque pronto me va a acompañar para siempre. Después de las ocho tendré bastante tiempo de dormir.

El martes 10 de noviembre los rayos del sol penetraron por el ventanal de la celda. A las 7:30 de la mañana, los médicos Arturo Sansores y Evelio Cañizares se personaron ante el reo para auscultarlo. El doctor Cañizares dijo sorprendido a su colega que el condenado presentaba 95 pulsaciones por minuto y una tensión arterial de 80 por 120.
A los pocos minutos, el Capitán Orive entró a la capilla y con un poco de disgusto, comunicó:
—Lo siento mucho, esto es de ley. Voy a ponerle las esposas. Ponga los brazos atrás.
En breve, por el pasillo de la galera se sintieron los pasos marciales del piquete de fusilamiento, iban en busca del condenado. Lo integraban: el subteniente Julio Machado, los sargentos Rafael Ruíz y Juan Méndez, los cabos Miguel Ramírez y Sandalio Sánchez, y los soldados José Castillo, Félix Pérez, Pedro Díaz y Leonardo Urtiles. Para la paz espiritual de los ejecutores, uno de los rifles Springfield había sido cargado con balas de salva.
Heinz August Lunin se había vestido aquella mañana con una camisa de jersey azul de cuello abierto y mangas cortas,

pantalón blanco y zapatos negros. A su paso, los presos sobrecogidos lo contemplaban en silencio. Cuando salió al exterior, recorrió con la mirada a los espectadores situados en lo alto del muro, en su mayoría periodistas y funcionarios policiales. Mario Kuchilán, dibujaba con premura un boceto de la escena.

El Comandante Mariano Faget corría desaforado por entre los periodistas, vociferando:

— ¡Al que yo encuentre con una cámara fotográfica lo voy a sacar de aquí a patá por culo!

Con un andar lento, empezó la marcha, llevando a su derecha al padre dominico y a su izquierda al oficial Julio Machado, a quien le rogó que detuviera por un momento la marcha.

—"Ruego a usted, señor oficial, coloque la foto de mi esposa en el bolsillo de mi camisa y tome nota de lo que voy a decir: A pesar de la sentencia dictada por los cubanos, cumpliendo las leyes de su país, sigo pensando que mis actividades no han sido tan graves, pues mi conciencia no me acusa de haber hecho ningún daño directo a Cuba, porque aunque tengo la nacionalidad alemana, soy de origen latino y no me sería posible traicionar a los de mi raza. ¡He aquí mi pensamiento escrito! Y ahora, señor oficial ¡A sus órdenes!".

El piquete, integrado por expertos fusileros del Team Nacional de Tiro del Ejército, se situó a los doce pasos reglamentarios del reo. El subteniente Machado lo colocó en el poste, y le ofreció una venda que rechazó con un gesto. Regresó el oficial a su lugar e hizo ademán de sacar su sable; pero volvió a envainarlo, y volvió a dirigirse nuevamente a Lunin, para sorpresa de los observadores.

—Vengo a proponerle nuevamente la venda, —Comandante «reiteró con energía» muchas gracias, de veras. No la necesito.

—No comprendo su empeño. Contemplar algo tan…desagradable…

El oficial retornó a su puesto, sin más dilación sacó su sable y dio la orden de:

"¡Preparen, armas!"

Lunin miró hacia el cielo radiante y azul que lo cobijaba.

"¡Apunten!"

A la conciencia del oficial alemán afloró, cual relámpago en la noche, un recuerdo que yacía sepultado en su memoria. Se vio de niño, diciéndole a su madre: "¡Está todo muy oscuro, madre, tengo miedo!" Y la dulce voz materna, respondiéndole, no temas, hijo. Estoy contigo…"

"¡¡FUEGO!!"

El cuerpo de Lunin dio un salto impresionante, haciendo cimbrar el grueso palo que le servía de soporte. En fracción de segundo, un remolino de imágenes caleidoscópicas desfiló vertiginosamente en la psique del ajusticiado: su niñez, familia, amigos, momentos felices de su juventud, viajes, su boda, su pequeño hijo, Olguita… era una reconstrucción de los principales hitos de su vida, como una conjunción para extraer la esencia de las cosas. Una suerte de retorno a la raíz en medio de un túnel de luz y de inefable paz.

A las once de la mañana, a escasas horas del fusilamiento, varias paletadas de tierra empezaron a cubrir el ataúd del Comandante Heinz August Lunin, en la fosa 20 del Patio de Limosna, de la necrópolis de Colón. Finalmente, una rústica cruz marcó el lugar donde yacían los restos del espía, que llegó de Bremen.

"¡Levantemos campamento!" «Dijo el Comandante Miguelón a quienes acompañaron el cadáver».

— "¡Caronte, cuídese mucho, que un día le matan!" «Le gritó Sir Gerard Mitchel», con su voz de trueno, al jefe de la

escolta del excelentísimo y honorabilísimo, Fulgencio Batista y Zaldivar.
— "See you later, friends" «dijo Miguelon en voz alta a Gerard Mitchel y a los agentes del FBI presentes».
Antes de retirarse, el Comandante Faget puso una mano en el hombro al Comandante Miguelón, le dijo en voz baja:
—Ves esas fosas vacías al lado del socio de la GESTAPO, pues vamos a ir pensando cómo llenarlas con comunistas cuando termine la guerra.
Después que los autos oficiales se marcharon y la sección del camposanto volvió a quedar desolada, dos mujeres vestidas de negro depositaron en la tierra removida un ramo de flores, rezando emocionadas.
—Vamos, hija, deja ya de llorar, para que no ates su alma a la Tierra. Que descanse en paz... dijo con voz trémula la recia matrona Catalina Catalá a su hija.

FIN

Datos del autor

Enrique Rodríguez

MD en **Medicina Tradicional** y **Msc** en Ciencias Médicas Bioenergéticas, miembro activo de la *Health Experts Leadership Providers.*

Lic. en Pedagogía especialista en Historia del ISPEJV-Habana, Profesor de Filosofía y funcionario de la Institución Nueva Era, *Kriyaba*n de la ***SELF yoga.***

Fue Profesor Instructor en el Pedagógico Superior y la Universidad de Ciencias Médicas de la Habana.

Ha escrito numerosos artículos y ensayos, por lo cual ha sido invitado a presentar sus ponencias en más de doce congresos internacionales.

www.ingramcontent.com/pod-product-compliance
Lightning Source LLC
LaVergne TN
LVHW051114080426
835510LV00018B/2025